ムウェテ・ムルアカ

中国が喰いモノにするアフリカを日本が救う

200兆円市場のラストフロンティアで儲ける

講談社＋α新書

はじめに

日本とアフリカを浸食する中国

中国の覇権主義に危機感を覚える方は大勢います。

私もそのひとりです。

二〇一五年九月三日、内外に軍事力を誇示した中国の「抗日戦争勝利七〇年」の記念式典と軍事パレード、中国による尖閣諸島周辺海域への侵入やフィリピンなどと領有権を争う南沙諸島の暗礁を埋め立てて軍事拠点とする人工島の建設などの海洋進出、アジアインフラ投資銀行の設立……。例を挙げれば、いくらでも出てきます。

それは中国政府だけの問題ではありません。

二〇〇七年の中国産の毒入り冷凍餃子事件や、二〇一四年の大手ファストフードチェーンが賞味期限切れのチキンナゲットを使っていた問題、数十年前の冷凍肉を出荷していた事件など、中国の民間企業でも信じられない不祥事が相次ぎ、日本人を唖然とさせて恐怖を与えました。

日本人が中国に対して抱く驚き、恐怖、そして怒り……。

多くのアフリカの人々も、日本人と同じ気持ちでいます。中国人に騙されて仕事や住む場所、文化、家族を奪われたアフリカの人々は、危機感や不信感、不安や不満という、言葉では表せないほどの大きな怒りを持っています。それは、日本人以上のものかもしれません。

不公平な取引をして平気で人を騙す。ジャングルの自然環境の保護なんてお構いなしにムリな開発を推し進める。援助と称し、多少の雨で冠水して日常的に交通渋滞や事故を引き起こす道路を建設する。危険性の高い食料品や粗悪な商品を大量に生産する。組織的な犯罪組織をつくる……。

中国が何をしているのか。そして何を目指しているのか。

中国の脅威に身近に接している日本人なら、多くを説明しなくてもわかっていただけるのではないでしょうか。

アフリカの人々は、そんな中国の実態にようやく気づき、中国との関係に疲れ果て、嫌気が差しています。

では、アフリカの人々はどの国とパートナーになりたいと考えているのでしょうか。

――そう。それが、日本なのです。

誠実で、自然環境や人権に配慮し、高価ではあるけれど安全で品質の高い商品を生産する……。アフリカの人々は、日本人に対して中国とは真逆のイメージを持っています。

一〇億以上の人を抱えて、年平均五パーセントを上回る経済成長を続け、さらには地下に豊富な天然資源が眠るアフリカ大陸が〝ラストフロンティア〟と呼ばれはじめてから十数年の歳月が流れました。いまも世界各国の政府や企業、投資家の注目を集めています。

これからの世界経済をアフリカを抜きにして語ることはできないと言っても過言ではありません。とくに豊富な資源は、日本をはじめとする先進国が抱えるエネルギー問題、経済再生の原動力になるポテンシャルを秘めています。

しかし日本には、アフリカで積極的にビジネスを展開させようという企業やビジネスマンが少ないのが現実です。

その大きな原因が、アフリカ大陸に対して日本人に刻まれたマイナスの先入観だといえるでしょう。

遠い。治安が悪い。貧しい。発展が遅れている。HIV（ヒト免疫不全ウイルス）やエボラ出血熱など生命を脅かすウイルスが猛威を振るっている。紛争や部族対立が絶えない……。

アフリカに対してそのような先入観を持つ日本人が多いのが、日本を第二の故郷と考えている私には残念でなりません。

アフリカと一口に言ってもとても広いのです。

アフリカ大陸は、全世界の陸地面積の二〇パーセント以上を占めます。日本の約八〇倍の面積の大陸に五四ヵ国という世界の四分の一の国家があり、二五〇〇以上の民族や部族が存在しています。言語も宗教も文化も多様。貧困にあえぐ地域も、東京の都心と変わらない生活を送ることができるほど開発された都市もあります。また、紛争が続く地域もあれば、安全で快適に旅行することができる国もあるのです。

アフリカ大陸中央部のコンゴ民主共和国（旧・ザイール共和国）で生まれ育った私には、アフリカ諸国が中国に何をされたか、アフリカの人々が中国にどれほど怒っているのか、痛いほどわかります。

同時に長年日本で暮らした私は、アフリカ大陸で日本に何ができるか、日本の企業がアフリカに何をもたらすのか、アフリカにおけるビジネスでどのようにすれば日本が中国に勝てるのか、アフリカは日本に何を求めているのか、容易に思い描くことができます。

二つの故郷

私の名前は、ムウェテ・ムルアカ。日本での生活は三〇年を超えました。二〇〇五年に日本国籍を取得しました。鈴木宗男元代議士の私設秘書だった背の高いコンゴ人という印象が強いかもしれません。

現在、千葉科学大学や神奈川工科大学で教鞭を執り、日本の総務省参与（任期付き）などをしています。

人生の半分以上を過ごした日本を第二の故郷とするなら、私の第一の故郷はコンゴ民主共和国。隣にコンゴ共和国がありますが、もともとはひとつの王国でした。それが一九世紀にフランス領とベルギー領に分けられて植民地支配されました。

一九六〇年にベルギー領が独立してできたのが、私の生まれ故郷である現在のコンゴ民主共和国です。面積は日本の約六倍で、約二三四万五〇〇〇平方キロメートル。人口約七〇〇す。

○万人。国の中央を流れるアフリカ大陸で二番目に長いコンゴ川のおかげで豊富な水資源に恵まれています。また輸出の約九割を鉱産資源が占める世界トップクラスの天然資源国です。

私はコンゴ民主共和国の首都・キンシャサで生まれ育ちました。コンゴ川の河口に位置するキンシャサは私がコンゴ民主共和国にいたころで人口約二〇〇万人ほど。現在は、九〇〇万人を超えます。キンシャサは、アフリカの発展を象徴するかのように約三〇年で人口が四・五倍も増えたのです。

しかし二〇一五年に世界保健機関（ＷＨＯ）が発表した統計によれば、コンゴ民主共和国では、生後一年未満の赤ん坊が一〇〇〇人出生当たりに死亡する人数（乳児死亡率）は、八六人で世界第六位。ちなみに日本はわずか二人で第一八六位。全世界の平均は三四人です。医療体制は、その国が先進国か発展途上国かを計る上で大きな指標になります。

私が生まれる前年の一九六〇年のコンゴ民主共和国の「乳児死亡率」は一五〇人を超えていました。幼いころ次々と死んでいく同級生や近所の子どもを前に何もできなくてとても悔しい思いをしました。

小学校に入って身体を鍛えるために空手をはじめた私は、高性能の自動車や冷蔵庫をつくる日本という国に次第に惹かれていきました。

約四〇年前のコンゴ人にとって日本は遥か遠い未知の国というイメージでした。小学校の地理の教科書には、チョンマゲを結って、カゴに乗っている日本人のイラストが載っていたほどです。

けれど、私は日本という未知の国に取りつかれました。

日本のような先進国とコンゴ民主共和国をはじめとする発展途上国は何が違うのか。高校時代の私はそんなことばかり考えていました。

知れば知るほど、学べば学ぶほど不思議に思い、同時に日本への興味がわきました。

期待される日本

一九四五年、第二次世界大戦直後の日本は、間違いなくコンゴ民主共和国よりも貧しかったはずです。東京をはじめとする日本の都市という都市は空襲で焼け野原になり、広島と長崎は原子爆弾で壊滅しました。

すべて失って何もなかったと言ってもいいほどダメージを受けた日本に比べると、コンゴ民主共和国には豊かな自然と資源がありました。そして何より平和でした。

ところが、急成長を遂げたのは、何も持っていなかった日本でした。私が高校生だった一九七〇年代後半には、世界でも指折りの経済大国になっていました。

国立イナザ・イスタ大学の電子通信工学科を二年間で卒業して、当時のザイール国営放送局で働きはじめて三年。世界中のニュースをチェックし、国内向けに放送する情報をセレクトする仕事に従事していた私に、転機が訪れました。

一九八四年三月、現在の天皇陛下が皇太子だった時代、ザイールを訪れることになりました。当時、私の従姉妹の旦那さんが駐日大使を務めていました。皇太子殿下来訪の準備のためにザイールに帰国中だった彼が私にこう言ったのです。

「そんなに日本に興味があるのなら、実際に日本に行ってみたらどうですか」

国営放送に勤務していれば、収入も将来の地位も約束されています。友人や仕事仲間は、極東の未知の国へ行くのを止めましたが、私はその一言で決めました。

資源がないのに豊かになった日本と、ありあまるほどの資源を抱えているのに裕福になれない母国の違いとは――。

長年考え続けた問いに答えを出せると思ったのです。

日本に行けば、戦争で何もかも失った国をどのように立て直したのか知ることができるのではないか。何よりも日本で学んだことを母国の将来に活かせるのではないか。幼くして命を落とすアフリカの子どもたちを助けることができるのではないか、と。

そして一九八五年に来日——。

この三〇年で日本は大きく変わりました。

しかし変わったのは日本だけではありません。当時、中国がこれほどの軍事力と経済力を背景に世界的にのし上がってくると考えていた人は少ないはずです。

三〇年後のいま、中国の侵略政策はアジアを越え、アフリカ大陸に達しました。

中国が世界第二位の経済大国にのし上がった要因は、アフリカの資源開発を抜きには語れません。ただ彼らが目指すのは、あくまでも世界の頂点。第二位では決して満足しないでしょう。そのために手段を選ばないのは、わかりきっています。

私たちが直面している大きな問題は、大国となった中国の人々に、トップに立って世界を指導できるような教養や常識が身についていないことです。

世界中の人が「中国社会の常識は、国際社会の非常識。国際社会の常識は、中国社会の非常識」あるいは「人の物は自分の物、自分の物も自分の物」と揶揄《やゆ》するほどです。急激な経済発展の一方で、もっとも重要な人間性を置き去りにしてしまったとしか思えません。

たとえば、最近日本のメディアがよく取り上げる中国人観光客による「爆買い」。中国人が量販店にも高級店にもところ構わず大挙して押し寄せて山のように商品を抱えています。内需が落ち込む日本にはありがたいニュースかもしれません。

でも、私は「爆買い」のニュースを見るたび、お金の使い方を、お金の価値を知らない人たちだと感じてしまいます。彼らはお金と引き替えに人間にとって大切なものをなくしてしまったのではないか、と。

金と人が際限なく押し寄せる……。そう、「爆買い」の構図はまさに中国政府によるアフリカ政策と重なります。

こうしている間にも中国によるアフリカの資源開発という名の侵略が進んでいます。

ラストフロンティア

ぐずぐずしているうち、アフリカというラストフロンティアで日本の出る幕がなくなってしまう……。私は常々そう警鐘を鳴らしてきました。

この数年がギリギリのタイミングと言ってもいいと思います。

日本の技術で建設されたコンゴ民主共和国内の道路の前に立つ著者

アフリカでビジネスが成り立つのか。ビジネスの前に、無償支援、あるいは援助が必要なのではないか。貧困や未開という先入観を持つ日本人はそう考えがちです。

でも、実際は違います。

確かにアフリカは資源という大きなポテンシャルを持ちながら、いまだに貧困に苦しむ人を数多く抱えています。そしていま中国の進出で貧富の差が広がり、公害が発生し、住む場所を奪われて苦しんでいる人が大勢います。

そんな状況ですから、アフリカの人々は無償支援を本当にありがたいと思っています。日本からの援助に心から感謝しています。それと同じくらいの気持ちで、ビジネスを通して、互いに成功とメリットを分かち合いたいと考えています。

日本は戦争によって貧しい生活を強いられて多くの子どもたちが犠牲になった経験があります。しかしたった七〇年ですばらしい復興と経済発展をなしえました。

アフリカにはそんな日本から学ぶことが数多くあると私は実感しています。日本から見れば、アフリカには必要とする資源が豊富にあります。

日本がアフリカと手を結ぶことで生まれるメリットは、日本の経済発展だけではありません。同時にアフリカ諸国に雇用を生み出し、技術移転をもたらして、人材を育成する——いわゆる「ウィン・ウィン」の関係を築くことができるはずです。

アフリカの人たちは、自分たちの経済成長と同時に、日本もさらなる発展を遂げ、世界中から尊敬される本当の意味での先進国になってほしいと願っているのです。

アフリカには次のようなことわざがあります。

アフリカでは毎朝一頭のガゼルが目を覚ます。ガゼルは知っている。もっとも足の速いライオンよりも速く走らなければ、食い殺されてしまうことを。

アフリカでは毎朝一頭のライオンが目を覚ます。ライオンは知っている。もっとも足の遅いガゼルよりも速く走らなければ、飢え死にしてしまうことを。

あなたがライオンかガゼルかは問題ではない。夜が明けたら、とにかく走ることだ。

まずはアフリカに目を向けてください。まだ遅くはありません。まさにいまが日本が中国に代わり、ラストフロンティアに向けて、走り出す最後のチャンスです。

これまで私が見続けてきたアフリカの現状をみなさんに知っていただくことで、日本がアフリカ諸国とパートナーシップを築く、あるいは日本とアフリカの企業が手を結ぶきっかけになれば、と思います。
私は、それが生まれ故郷のアフリカと私自身を育ててくれた第二の故郷である日本への恩返しになると信じているのです。

二〇一五年一二月

ムウェテ・ムルアカ

◉目次

第二章　中国に踏み荒らされるアフリカ大陸

第三章　反日に固執する中韓は「奴隷の恨み」を棚上げしたアフリカを見習え

第四章　日本はこうしてラストフロンティアを手に入れる

第一章　爆発する消費マーケット、世界が狙う天然資源

もはや暗黒大陸ではない

暗黒大陸――。かつてヨーロッパの人々は自分たちが足を踏み入れた経験がなく、文明が遅れていると考えたアフリカ大陸をそう呼びました。しかし二一世紀を迎えてから、最後のフロンティアとして、中国をはじめとする世界各国が進出をはじめています。

アフリカで中国が何を行っているのか。アフリカの人々が何を求め、日本はどう対処すべきなのか。

それらを見ていく前に、そもそもアフリカの何が魅力なのか、具体的なデータとアフリカに進出している日本企業の担当者たちの声から明らかにしていきましょう。

JETRO（日本貿易振興機構）の調査によれば、一九九〇年代前半、アフリカの名目GDP総額は約五〇〇〇億ドル程度でしたが、二〇〇〇年には約六〇〇〇億ドルにまで伸びました。さらに二〇一一年には、一兆九一〇〇億ドルに達しました。つまり二〇〇兆円規模の市場になるわけです。二〇年あまりの間に四倍近くの急成長。二〇〇〇年代の経済成長は年平均五パーセントに達していて、これからも伸び続けると見られています。

さらに急増しているのが、世界からの投資額。

アフリカのGDPの推移

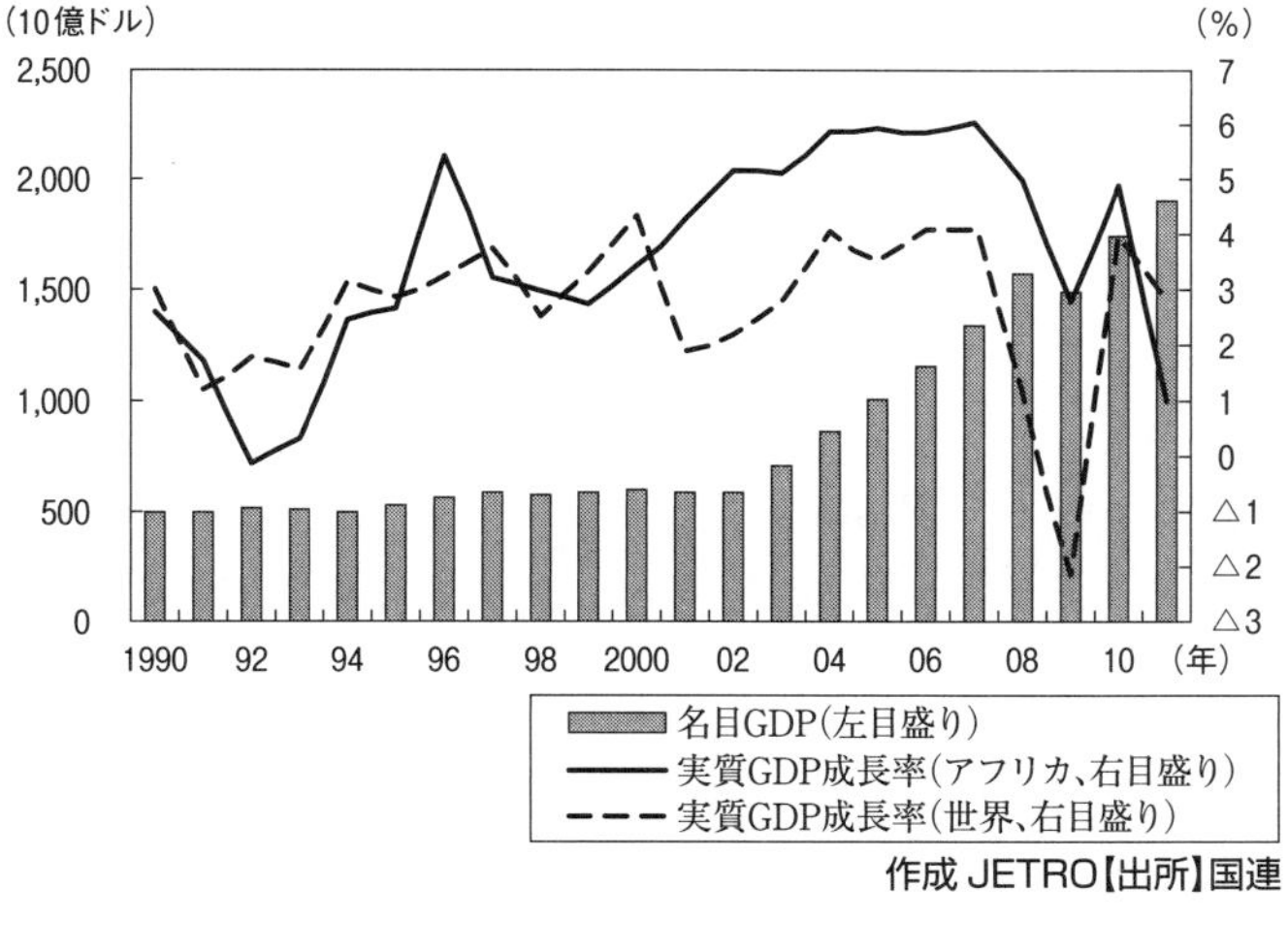

作成 JETRO【出所】国連

二〇〇〇年には一〇〇〇億ドルに満たなかったアフリカへの直接投資残高が二〇一一年には五六九五億ドルにまで増加しました。

経済成長にともなう内需の拡大、個人消費の伸びも見逃せません。

二〇〇一年、約一三〇〇億ドルだった世界の対アフリカ輸出額が、一〇年後の二〇一一年には四倍以上の五六九六億ドルにまで伸びました。世界中から輸出先としても注目されているのです。

それを証明するようにアフリカ各国では消費を牽引する中間層も増加しています。

アフリカ開発銀行がいう中間層とは、一日の総収入が四ドルから二〇ドルの人々。アフリカ開発銀行は、二〇一〇年は三億五〇〇〇万人だった中間層が二〇二〇年には四億人に達すると予想しています。

また中間層の人口が増えていくとともに人口の集約が進んで、二〇〇〇年に三六パーセントだった都市化率が二〇三〇年に五〇パーセントを超えるという見通しを立てています。

私は二〇一〇年から『リベラルタイム』という月刊誌で毎月アフリカ各国の駐日大使やアフリカに進出する日本企業の担当者に話を聞いてきました。日本企業の担当者たちの言葉も、これらの数字を裏付けています。

アフリカの魅力を豊田通商の海外地域戦略部・新興地域戦略室の森輝幸《もりてるゆき》室長は次のように語りました。

「アフリカは天然資源の宝庫ですが、今後の人口の伸びもアフリカ市場の魅力です。二〇年後は世界人口増加のうちの四〇パーセントをアフリカが占めるといわれています。平均年齢も若く、息の長い成長が期待できます。

また、経済も急成長しており、すでにバイク・自動車社会へ到来している地域もあります。今後は生活の快適さを求める人が増えてくるために日用品なども売れはじめるでしょう。中間所得層の拡大を狙ったビジネスは注目です」

アフリカのポテンシャル

森室長が語るようにアフリカが経済成長できた原動力――それが、資源です。

二〇年ほど前から本格化したアフリカ大陸の資源開発と中国やインドなどの新興国の台頭は切っても切り離せません。中国やインドの経済成長により、さまざまな資源が大量に利用、消費されて、世界的に不足しました。そうして、世界的に資源価格が高騰しました。

そこで世界各国が目を付けたのが、手つかずの資源が眠るアフリカ大陸。世界中の投資がアフリカに集まりました。

またアフリカの経済発展は人口増加を抜きには語れません。

アフリカ大陸の人口は、一九五〇年の二億二〇〇〇万人から二〇一一年の一〇億五四〇〇万人へ六〇年の間に約五倍に急増しました。これは世界の全人口の七分の一を占める数字です。これからもさらに増え続け、二〇五〇年には二二億人を超えて、全世界の五人に一人がアフリカに居住すると予想されるほどです。

では、人口の増加は経済にどのような影響をもたらすのでしょうか。

たとえば、日本の戦後高度経済成長も人口増加と密接につながっています。

第二次世界大戦直後、日本の人口は約七二〇〇万人に過ぎませんでした。しかし爆発的に人口が増え、七〇年後の現在一億二〇〇〇万人を超えています。シンプルに言えば、労働人口の増加とともに消費は拡大していきます。そして何よりも日本にはさまざまな生産を下支えする確かな技術がありました。

アフリカの場合は、人口が増加している上、資源があり、さらに世界各国がインフラ整備に投資しています。

国際連合のデータをもとに野村総合研究所が作成した〈人口の多い国上位二〇ヵ国の変

遷・見通し〉という表を見ると、これから人口が減少していく日本と入れ替わるようにアフリカ諸国が台頭していくのがわかります。

一九五〇年、日本の人口は八二一九万人で世界第五位につけています。この時期のアフリカ諸国は、三七八六万人のナイジェリアが第一三位に、二一五一万人のエジプトが第二〇位にランクインしているだけでした。

しかし二〇一〇年になると様相が変わります。日本の人口は一億二六五三万人に増えますが第一〇位に後退。六〇年前第一三位だったナイジェリアが一億五八四二万人で第七位に躍り出ました。またエチオピアが第一四位に、コンゴ民主共和国が第二〇位に顔を出して、エジプトは第二〇位から第一六位に順位を上げています。

さらに二〇五〇年の予想では、日本は一億八五四万人にまで人口が減り、第一六位に。ナイジェリアは三億八九六一万人で第四位。コンゴ民主共和国、エチオピア、タンザニア、エジプトが日本を抜き、ケニアやウガンダもランクインし、上位二〇ヵ国中、アフリカが七ヵ国を占めるまでになります。

かつてアフリカの人口増加は貧困を招くと考えられてきましたが、状況は大きく変わったと言っていいでしょう。

アフリカの人口増加について日本はどう見ているのか。経済産業省通商政策局中東アフリカ課の松本敬一《まつもとけいいち》課長補佐に聞いたことがありました。

「アフリカの人口は、二〇五〇年には二〇億人になる見込みです。そのなかでも消費が旺盛なボリュームゾーンが拡大していますので、市場の魅力は益々高まっています。現在の市場の姿で考えるのではなく、五年後、一〇年後の絵姿を見越し、小さなビジネスからはじめることが大切です。その後、アフリカ市場の特性や需要動向を見ながら、ビジネスの規模を拡大し、横展開を図っていく。そういったビジネスを展開している日本企業が成功しています。その前に、まずはアフリカ市場を知ることが大切です」

アフリカの現実を知る——。まだ日本はそこの段階です。

アフリカのポテンシャルは、資源や人口増加を原動力とした経済成長だけではありません。あまり知られてはいませんが、アフリカ大陸には地球上に残された耕作可能地の約六割があるといわれています。これからの農業開発次第では世界的に進む食糧危機を解決する切り札になる可能性があるのです。

日本アフリカ開発協会

私たち日本に暮らすアフリカ人は、早くからアフリカ大陸のポテンシャルを多くの日本人に気づいてほしいと考えて活動を続けてきました。

第一歩となったのが、一九九〇年一月に立ち上げた「日本アフリカ開発協会」。

きっかけは約三〇年前。日本在住のアフリカの人々の集まりで、私はオスマン・サンコン氏と出会いました。

サンコン氏は一九七二年にギニアの駐日外交官として日本を訪れました。その後、一度日本を離れましたが、外交官をやめて再び来日。日本人女性と結婚し、当時はタレントとしてバラエティ番組などで活躍していました。サンコン氏は日本人にアフリカをアピールする最高のスポークスマンでした。

しかし当時の日本人にはアフリカに対して、砂漠やサバンナ、ジャングル、あるいは貧困、紛争……といった漠然としたイメージが定着していました。

サンコン氏と私の思いは一緒でした。

日本人に本当のアフリカを、アフリカの現実を知ってもらいたい――。

当時大学生だった私は、大学に通ってアルバイトを続けながら、アフリカと日本のために、と活動をはじめました。

当初、日本アフリカ開発協会は週一回のペースで会合を開いていました。そのころ日本で暮らしていたアフリカ人は一〇〇〇人ほど。会合には、約五〇人の外交官や参事官が参加してくれましたが、日本語で満足にコミュニケーションがとれるのは、私とサンコン氏だけ。

私たちは、アフリカに駐在経験がある日本企業の社員、大学の研究者、国会議員たちにも声をかけて、日本アフリカ開発協会への参加を呼びかけました。

もちろん関心を示す人も、そうでない人もいましたが、国会議員は誰も顔を出してくれませんでした。決して「興味がない」とは言いません。

「忙しい」

「東京にいない」

「先約がある」

……そんな言い訳をしました。なかには「出席します」という人もいたのですが、決まって当日、

「急に地元で用事ができた」

と断りの連絡が入りました。

ウソの約束がうまいな……。

期待して待っているのにもかかわらず一向に参加してくれない日本の政治家に対して、私はそんな印象を持ちました。

そんななか「いずれ時間ができたときに参加する」という約束を果たしてくれたのが、当時無名の鈴木宗男元代議士でした。

その出会いがきっかけで私は鈴木先生と親しく付き合うようになりました。さらに鈴木先生や私たち日本アフリカ開発協会の活動が理解されて、後述するアフリカの国々の首脳が出席するまでに発展した「アフリカ開発会議（TICAD）」開催にいたるのです。

また私は一九九五年から二〇〇二年まで、大統領直属の機関である在日コンゴ民主共和国大使館通商代表機関の理事を務めていました。大統領直属というと給料や待遇で優遇されたのではないか、と思う人もいるでしょう。

しかし現実はそう甘くはありません。

はじめ大統領は予算をつけると話していましたが結局は無給。事務所もなく、知り合いにお願いし、東京・新宿に建つビルの一室の片隅を間借りして通商代表機関の事務所として使わせてもらいました。さらに電気代や電話代も持ち出し。やはりここでも私を支えたのは、アフリカのために、という思いだけでした。

通商代表機関はアフリカの取材をしたいというマスコミの取材対応や現地でのコーディネートを行いましたが、手数料や謝礼は一切いただきませんでした。

たくさんの日本の人たちにアフリカやコンゴ民主共和国について知ってほしい。それが自分の役割だと考えていたのです。

日本とアフリカの旧交

とはいえ、実際にメディアが取り上げるのは、貧困や自然、野生動物などステレオタイプなアフリカだけ。私は、日本アフリカ開発協会や通商代表機関の活動を通して、アフリカに対する関心の薄さを実感していました。

けれども歴史を振り返ると日本とアフリカの関わりは非常に古いのです。

一九二七年に日本は、独立を守っていたエチオピア帝国と「日本・エチオピア通商友好条約」を調印。一九三四年には、黒田広志子爵の次女とエチオピア皇族アラヤ・アベベ殿下の縁談話もありました。しかしエチオピアの植民地化を目論むイタリアの影響で、破談になってしまいます。ちなみに当時、エチオピアと日本の皇室は世界最古の皇室と言われていました。

二〇一四年に日本のアフリカなどに向けたＯＤＡ（政府開発援助）が、六〇周年を迎えましたが、民間企業のビジネスはさらに歴史があります。

たとえば、二〇〇六年に豊田通商と合併したトーメンは一九二二年からエジプトで綿花事業に乗り出しました。やがてエジプトが産業国へと舵を切ると綿花の事業から製鉄関連のビジネス、そしてエネルギー事業にシフトして現在の豊田通商へと受け継がれています。

ほかにも現在の双日の母体となった綿花の直輸入会社だったニチメン（日綿實業）には、一八〇〇年代からアフリカで取引をはじめたという記録が残っています。ニチメンは一九二六年にはケニアの港湾都市モンバサに第一号の出張所を開設。現地の製糸工場を六つ買収して、綿花栽培から紡績までを現地で行いました。その後、ナイジェリアなどでも繊維工場を運営していました。

では、なぜ一八〇〇年代からアフリカでのビジネスを行ってきた日本企業が、事業の継続を断念しなければならなかったのでしょう。

その理由のひとつが政情不安。

双日の海外業務部の担当部長・福居通彦《ふくいみちひこ》氏は一九八〇年代にアフリカの事業から撤退した事情を次のように説明してくれました。

「かつて弊社は、コンゴ民主共和国で日本鉱業（現・JXホールディングス）さんと協力してたくさんの日本人駐在員が一〇年の歳月をかけて銅の鉱山を開発し、一一～一二年間にわたって生産していました。しかし隣接するアンゴラで内戦がはじまりました。鉱石を輸送するルートが断たれてしまって、事業の継続が難しくなってしまいました。さらに、コンゴの政情も悪化して我々は撤退せざるをえない状況に追い込まれたのです。本当に残念なことでした」

けれども、いま双日はアフリカでのビジネスを再開しています。福居氏は続けます。

「アンゴラ国営石油公社へ原油生産やインフラ整備のために、総額一〇億ドル以上の融資を行いました。これで信頼関係を築くことに成功し、その後の五〇〇億円のセメントプラント建設の受注に繋がりました。また、これからガーナで海水を淡水化し、五〇万人分の飲料水を二五年間にわたってガーナ水道局に供給する給水事業がはじまります。モザンビークでは製紙用チップの生産をしています。モロッコからは肥料原料、エチオピアからはコーヒー、ナミビアからはカニ、タンザニアからは除虫菊などの輸入なども行っています。

いまはもう一度、アフリカビジネスに取り組んでいた時期の熱気を取り戻すつもりで活動しているのです」

中国に奪われるチャンス

二〇一二年のJETROの調査によると、三三三社の日本企業がアフリカ大陸に拠点を置いています。最多が南アフリカ共和国で九六社。次がエジプトの六五社、ケニアの三五社と続いています。

地域別に見るとエジプトやモロッコ、アルジェリアなどがある北アフリカが一二七社、南アフリカを含めた南部アフリカには一一六社、ケニアやタンザニアなどがある東アフリカが五九社、ナイジェリアやガーナなどの西アフリカが三一社という順番になっています。

具体的にどのような事業に取り組んでいるのでしょうか。

以前、話を聞いた住友商事は、南アフリカに現地法人の「アフリカ住友商事」をはじめ、九ヵ所に事務所を構えています。事務所以外でも、マダガスカルにニッケル鉱山を持ち、鉱石を精錬、加工する会社を、また南アフリカでは鉄鉱石・マンガンの資源会社と風力発電事業を行う会社を、それぞれ運営しています。

「アフリカのビジネスは大きく分けて三つ」と考えていると住友商事の地域総括部部長代理アフリカチームの岩倉真樹《いわくらまさき》氏は解説してくれました。

「第一の資源は南アフリカの鉄鉱石・マンガンのビジネス、マダガスカルにあるニッケル鉱山の採掘精錬事業。

二つ目のインフラは発電所がメインです。ご存じのようにアフリカには電気が不足している国が多く、日本企業が現地に投資する場合は、電力不足が大きな問題になっているのが現状です。この先のビジネスにつなげていくためにも、発電事業は欠かせません。

三つ目のトレードビジネスは、自動車や鉄鋼、石油を掘るための油井管、建設機械や農薬、タイヤなどをさまざまな国に輸出していますが、個々の国のマーケットがまだ大きくなっていないので、地域共同体のような大きなくくりで考えています。

とはいえ、なんと言っても核は、資源ビジネスです」

このように日本企業の取り組みを見ていくとアフリカビジネスにもチャンスがあるような気がしてきます。確かに話を聞いた方々は、アフリカの人々と「ウィン・ウィン」の関係を築いていました。

では、アフリカ大陸における日本の影響力、存在感をもう少し俯瞰して見るとどうでしょ

各国の対アフリカ投資残高(2011年)

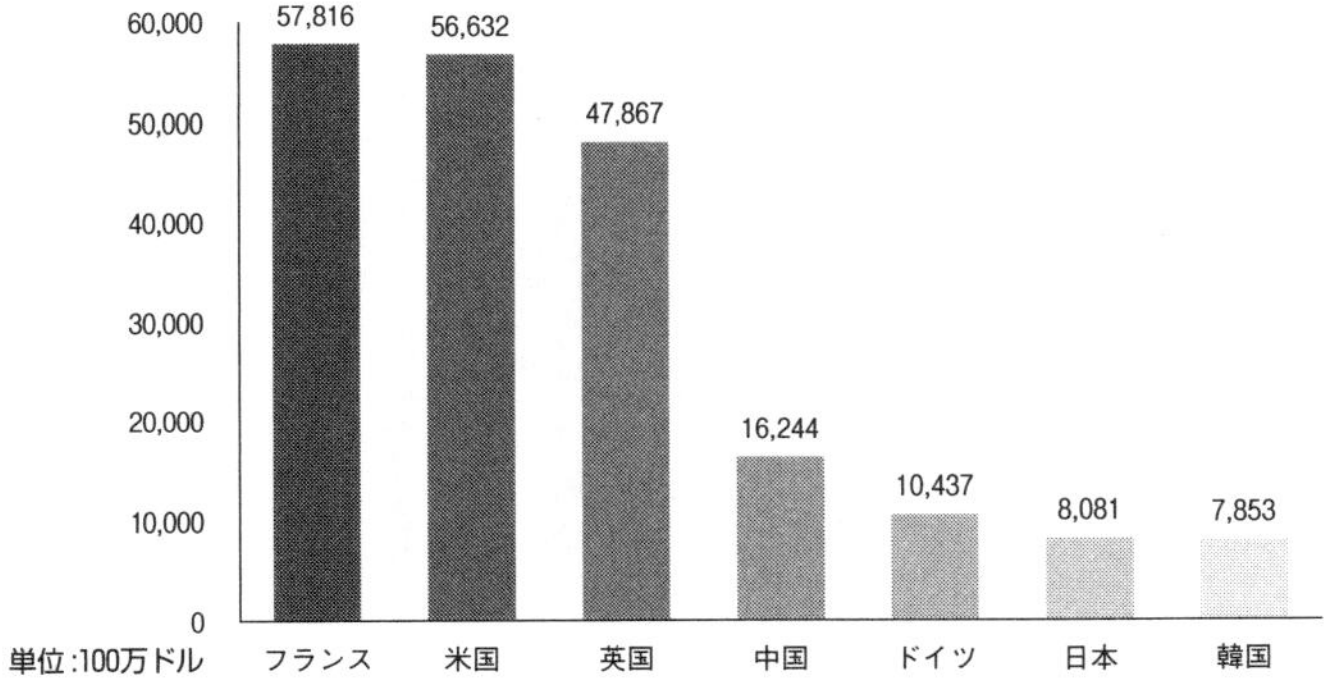

作成 JETRO【出所】中国、日本は各国統計。その他はOECD(経済協力開発機構)
〔注〕ドイツは2010年のデータ

世界の対アフリカ直接投資の推移(残高)

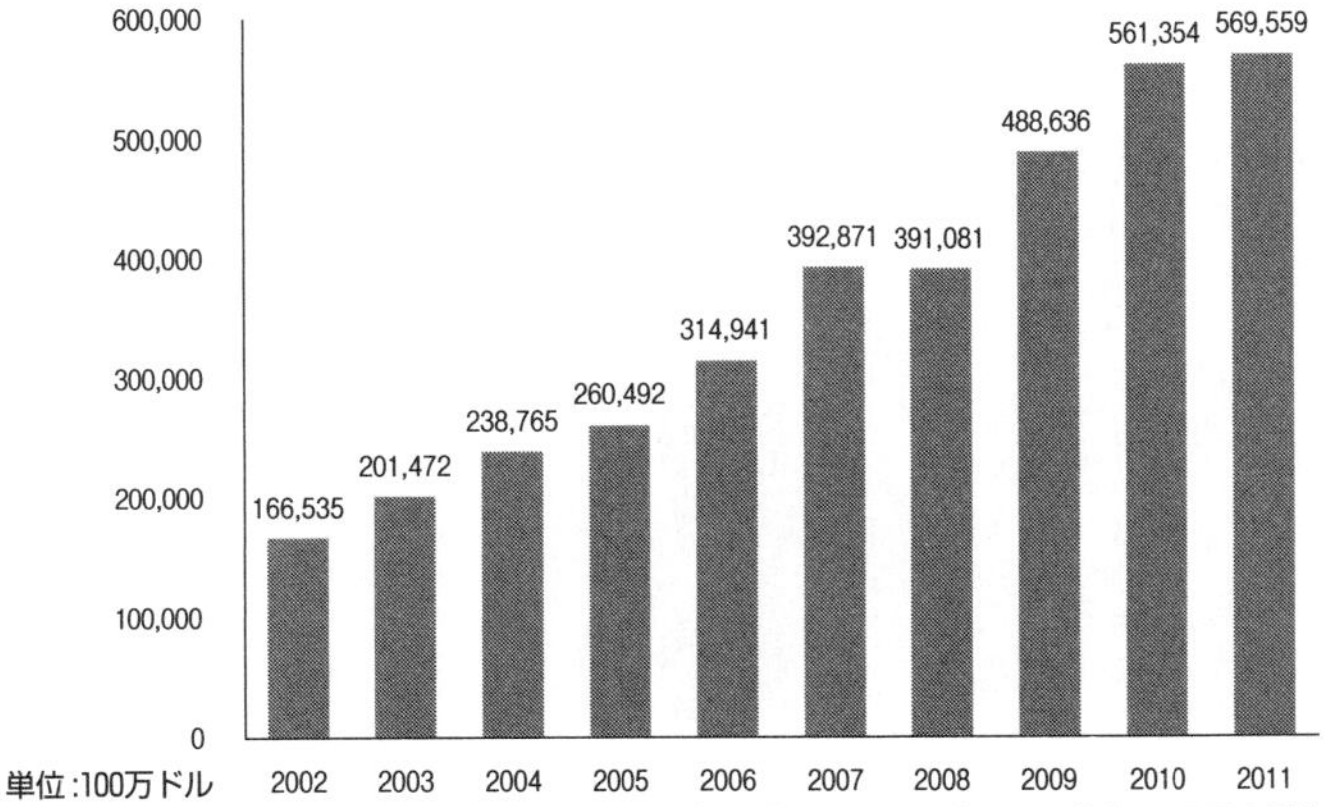

作成 JETRO【出所】UNCTAD(国際連合貿易開発会議)

う。アフリカ大陸に進出する他国と比較するとどうでしょうか。

アフリカは植民地時代からの流れで、フランス、イギリスなどがいまだに強い影響力を持っています。また巨額の投資を行ってきたアメリカも大きな存在感を示しています。かつて日本はその三ヵ国に次ぐ存在だったのですが、中国の台頭でアフリカ大陸でのパワーバランスが大きく変わりました。

JETROのまとめによる二〇一一年の各国の対アフリカ投資残高を見ると、アフリカ大陸におけるそれぞれの国の影響力がよくわかります。

第一位がフランスの約五七八億ドル。第二位がアメリカの約五六六億ドル。第三位がイギリスで約四七八億ドル。そして第四位が中国で一六二億四四〇〇万ドルと続きます。日本は第六位の八〇億八一〇〇万ドルで、中国の半分に過ぎません。ちなみにお隣の韓国が七八億五三〇〇万ドルで日本に迫る勢いで投資額を増加させています。

ここで注目すべきは、中国の対アフリカ投資が急増していることです。

二〇〇三年は四億九一〇〇万ドルですから、わずか八年の間に三〇倍以上に伸びているのです。

中国がアフリカの資源を用いて、このまま経済成長を続ければ、フランスやアメリカを追い抜くのは、そう遠い未来の話ではないでしょう。

中国から奪い取られた新幹線

中国は、アメリカに次ぐ経済力第二位の地位に甘んじる気は毛頭ありません。彼らが目指すのはあくまでも世界一の経済大国です。

世界経済を左右すると言われるアフリカ大陸の資源はのどから手が出るほど欲しいはずです。死に物狂いで独占しようとするでしょう。いや、すでに独占に向けて着々と動き出し、アフリカ大陸内での足場を築いています。

私は経済産業省の松本敬一課長補佐に、

「アフリカビジネスは中国が積極的です。日本政府はどのように考えていますか？」

と聞いたことがありました。松本課長補佐の答えはこうでした。

「従前から、中国政府はアフリカ支援を展開して、色々なプロジェクトやビジネスを行っています。我々は中国のプロジェクトに対峙せずに役割分担するのがいいと考えています。

日本が得意とする分野や、優れた技術を生かしたビジネスを行っていけば、マーケットは自ずと開かれるはずです。

そして、アフリカで共通する課題は、インフラが整備されていない点です。単純な道路建設については中国には敵《かな》いませんが、高度な技術を要する橋梁や鉄道などの特殊な構造物には、日本の技術を生かせます」

私もこの考えには基本的には賛成ですが、果たして中国が黙って役割分担を守るのかという疑問があります。

「人の物は自分の物、自分の物も自分の物」と考える国なのですから。

私は、このままでは中国にビジネスのシェアを奪われるのではないかという危機感を抱いています。

アフリカでの中国と日本の関係とまったく同じ出来事が、インドネシアのインフラ整備事業で起きました。二〇一五年九月二九日にインドネシア政府が高速鉄道整備計画で、安全性を重視する日本の案を却下して、安価な中国案を採用したことが話題になりました。その経緯を二〇一五年一〇月一八日付でニュースサイトの産経ニュースが〈敗因は中国のなりふり構わぬ札束外交　資金繰りも工法もリスクだらけ……「まるでシャブ漬けだ」との声も〉とセンセーショナルな見出しで報じているので、一部を引用します。

インドネシアの高速鉄道計画をめぐっては、日本は3年前から受注を前提に地質調査などを行い、インドネシア政府と協議を重ねながら着実に地歩を固めてきた。ところが、中国は今年3月に突如、参入を表明。激しい受注合戦を繰り広げる日中両国の板挟みとなったインドネシア政府は9月4日、高速鉄道をあきらめて双方の提案を受け入れず、安価な「中速度」鉄道を建設する方針を明らかにした。

これにより日中両国の受注合戦は仕切り直しになるとみられていた。その矢先、インドネシア政府は中国案の採用を決める。日本側の関係者にとって〝寝耳に水〟の話だった。

「誠に不誠実。これだけひどいのは、国際社会でもあまりない」

「裏切りだ。政府間の関係はこの話だけでは決まらないが、今後は何をやるにしても信用できない」

首相周辺からは非難とも恨み節ともとれる声が次々とあがった。

関係者によると、中国案の採用が事実上決まったのは9月16日。この日、親中派といわれるインドネシアのリニ国営企業相が訪中し、中国の要人らと会談した。中国側はインドネシアの国営銀行に数千億円規模の融資を約束。リニ氏は「高速鉄道は速やかに建設可能だ」と発言したという。

これはインドネシアだけの問題ではありません。アフリカでもいままさに同じことが起きています。これから日本がアフリカ進出に本腰を入れたら、中国は躍起になって阻止をしてくるでしょう。

アフリカでのビジネスがすべて中国に奪われてしまったら……。

中国人に仕事や資源、生活を奪われるアフリカの人々だけでなく、最後のフロンティアでのビジネスチャンスを逃す日本にとっても、不幸な出来事となってしまうのです。

次章から、アフリカの人々を不幸にする中国のやり口を具体的に見ていきましょう。

第二章　中国に踏み荒らされるアフリカ大陸

アフリカの怒り

アフリカに対して「貧困」「未開の大地」という先入観を持っている人は、中国だろうがどこの国だろうが、道路や空港をつくってくれて、自国の代わりに地下に眠る鉱物を掘り起こし、資源の開発をしてくれるのならいいじゃないか、と思う人もいるかもしれません。

もちろんインフラが整備されて、資源開発が進んだ方がいいに決まっています。

しかしインフラがまともに使えずに事故が多発していたり、資源が不正取引の温床になったりしているのであれば、早急に改善しなければなりません。

では、アフリカで中国が行う〝支援〟や〝援助〟は現地に何を引き起こしているのでしょうか。

まずはじめに、私のふるさとであるコンゴ民主共和国（以下、コンゴ）で中国が行っている道路建設が抱える問題から見ていきましょう。

三年前の五月、日本政府のミッションでコンゴを訪れていたときのことです。

仕事をすべて終えて日本に帰国しようと私は、日本大使館の公用車で首都キンシャサのンジリ国際空港に向かっていました。途中、大雨が降り出しました。一一月から五月までコンゴは雨期。道路にはみるみる水があふれ出しました。

しかもこの日はふだんよりも激しい雨でした。あっという間に道路が川のようになりました。公用車も動けなくなってしまいました。止まった自動車と自動車の間を縫うように泥水が轟々《ごうごう》と流れていました。

水かさもどんどん増していきます。流される自動車もあるほどの勢いでした。

その場所から空港までの距離は五キロメートルから六キロメートルほど。歩けない距離ではありません。大使館のスタッフに「私は日本で仕事があるから、どんなことがあっても帰らなければならない。空港まで歩いていきます。でも君たちはここから戻りなさい」と伝え、鞄《かばん》だけ持って自動車を降りました。しかし大使館のスタッフは「参与が歩くというなら、私も歩いていきます」とついてきてくれました。

水の流れに足を取られながら少し進むと現地の人々が何かを叫びながらこちらに駆け寄ってきました。

「チャイニーズだ」

「中国人、許さない」

「殺してしまえ！」

彼らは口々にそう叫びながら、こちらに向かってきました。

まずい——そう思いました。

大使館の日本人スタッフを中国人と勘違いしたコンゴの人々から殺気を感じたからです。

大変なことになると直感した私は、群衆を止めながら叫びました。

「彼は中国人じゃないよ！　彼は日本人！　日本人だよ！」

私は興奮していきり立つ人たちを押し止めて、公用車に掲げられている日の丸の旗を指さして大声で宥《なだ》めました。

スタッフを車に戻らせたあと、住民に事情を聞きました。

「何があったのですか？　相手が誰であれ、殺すのは間違っている。しかも相手は中国人ではなく日本人なんですよ」

そう説明する私に言った現地の人の言葉が忘れられません。

「中国人には、人間の心がない。許せない」

殺人道路

彼らの怒りの原因は中国の〝援助〟でした。

コンゴ国内の道路のおよそ八〇パーセントは、中国が建設したものです。雨期になると、コンゴのあちこちで道路が冠水します。

なぜいとも簡単に水があふれ出してしまうのでしょう。

日本人には信じられないかもしれませんが、工事があまりにもずさんでいい加減だからです。

日本の業者が道路を建設する場合、着工前に調査を行います。地質や水はけ、交通量、利用者がどこをどう横断するか、歩道橋や横断歩道をどこにつくるか……。総合的な判断のもと、もっとも合った工法で工事に入ります。

しかし中国の企業は事前調査なんて手間のかかることはしません。

政府や行政から道路工事の許可を取り付けると、すぐにどこからともなく大勢の中国人作業員や機材が集まってきます。そして翌日から突然工事がはじまります。

地域住民も目を丸くして驚くほどのスピードです。しかも住民の目の前で工事が行われているのに、現地のコンゴ人労働者はほとんどおらず、働いているのは中国人ばかり。

専門家を雇うわけでもないので、その道路がどのような役割を果たすのか、開通後、町や住民にどう影響を与えるのか、まったく関心を払いません。いきなり片側三車線から四車線の大きな道路をつくりはじめるのです。

事前調査はしていませんから、降水量が増える雨期に雨水がどこにどれだけ流れるかなんてお構いなし。ただひたすら幅の広いアスファルトの道路をつくり続けます。当然、排水能力以上の雨が降れば洪水が発生します。

そんな状況ですから、コンゴの道路は雨期のたびに冠水し、至る所が陥没しています。そのたびに中国人たちが修理をして、修理が終わったころにまた雨期に入る……。コンゴ国内では、延々と終わることがない中国企業による道路工事が続いています。

でも、水があふれ出すだけなら、コンゴの人たちも殺そうとするほど怒りはしなかったでしょう。

残念なことに、この地域では、子どもが命を落とした事故があったというのです。

コンゴでは、ベルギー植民地時代に地中に電線を埋め込みました。しかし五〇年以上の歳月が流れて、電線を覆っていたケーブルなどが劣化。あちこちがむき出しになっています。しかし中国の企業は事前調査をしません。どこに電線が埋められているか、電線がどういう状態か、わからないまま工事をはじめます。しかも中国の道路は、地表一面を覆います。先ほども書いたように雨期の豪雨で、瞬く間に道路に水があふれ出します。降雨量に排水が追

冠水してしまった〝中国産〟の道路

中央分離帯もなく無秩序な〝中国産〟道路

いつかないのです。やがて地中に流れ込んだ水が電線に触れると、道路を流れる水にも電気が流れ出します。

この地域では、雨の日に外を歩いていた幼い子どもたちが感電死してしまったというのです。

子どもだけではありません。アフリカの人々はふだんビーチサンダルで生活しています。大人たちも感電して、大けがを負う事故が増えています。同様の事故がアフリカ各地で何件も起きて、社会問題になっています。

電線の位置や強度、土壌の排水能力などを調べもせずに取りかかった道路工事によって引き起こされた事故——。

いえ、前例があるにもかかわらず危険性を無視した〝援助〟によって生み出された〝人災〟に地元の人々は怒っていたのでした。

また中国がつくった道路は、交通量や人や自動車の動線を無視しているので、渋滞や交通事故が多発します。

アフリカの道路で急ブレーキは日常茶飯事。歩道がないから、自転車も自動車も人もバイクも、ときには動物も同じ道を使います。それで渋滞や事故が起こらない方がどうかしています。

コンゴの人々の中国への怒りが爆発した瞬間を目の当たりにした私は、中国の〝援助〟によって一般の人々の生活がいかに破壊されたか、改めて痛感したのでした。

完成前に壊れた空港

アフリカ大陸南部の国・ボツワナでも同じような中国の〝援助〟を目の当たりにしました。そのときも日本政府のミッションで訪問した私は、近代的な新しい空港に降り立ちました。ふだんなら荷物を受け取るまでの時間は空港の待合室で過ごします。

しかしこの日は違いました。飛行機から降りた私たちは「ここでしばらく待っていてほしい」と屋外の木の下に案内されました。

「あんなに立派な空港があるのに？」と聞いた私に、スタッフから「建設中でなかに入れないんです」という答えが返ってきました。施主は中国の企業だと言います。

その後、ボツワナの前大統領と面会しました。

雑談中、空港建設についての事情を聞きました。

「とんでもない連中だ」と彼は激怒し、まくし立てました。

「空港建設の約束の期日はとっくに過ぎている。でも、まったく終わらない。その理由がようやくわかった。工事を請け負った中国企業は、空港を造った経験がない一般住宅を建設する企業だったんだ。航空機が離着陸するときの振動を計算できないから、飛行機の離陸時と着陸時に必ず窓ガラスが落ちる。そのたびに工事をやり直すんだけど、何度やってもガラスが落ちてくる。危なくて使えない」

コンゴの道路建設と構図は同じです。

専門家でもない企業が金を目当てに仕事を請け負うために、できあがるのは欠陥品ばかり。いえ、これでは〝できあがった〟とはいえないかもしれません。

アフリカのどこにいってもこのような中国製の〝欠陥品〟の話はゴロゴロしています。もちろん各国の政府内部にも民間にも、中国製の〝欠陥品〟に対して、危機感を持っている人はいます。ですが中国があちこちに配った賄賂が効果を発揮してなかなか大きな動きになりません。

在ボツワナ日本国大使館が二〇一〇年四月に発行した『ボツワナ月報』に〈中国企業によるプロジェクトの実施〉という記事があります。

過去7年間でボツワナにおいて中国企業が落札した大規模プロジェクトの総額は約7億4、000万米ドル（道路建設を除く）となっている。現在進行中のプロジェクトには、ハボロネ国際空港新ターミナルビル（7、000万米ドル）、ハボロネ市内における272戸の住宅（1、668万米ドル）、ボツワナ大学多目的ビル（4、000万米ドル）、ディカトロン・ダム（1億9、500万米ドル）等が挙げられる。

しかし、こうした状況に対し、地元企業が恩恵を受けていないという批判もある。
（16日：ボツワナ・ガーディアン紙）

アフリカの資源とひもつき援助

〈地元企業が恩恵を受けていない〉形の援助が、なぜ行われているのか。果たしてそれは援助といえるのでしょうか。

中国のアフリカ支援は「ひもつき援助」と呼ばれます。

「ひもつき援助」とは、中国の援助によって行う建物の建設やインフラの整備に、中国企業への発注が義務づけられていたり、石油を開発できる権利とセットになっていたりする援助のことです。

わかりやすく言えば、道路をつくるから、空港をつくるから、あの鉱山をくださいあの油田をください、という形で交渉してくるわけです。政治家にとっては利権も生まれる上、中国人がばらまく賄賂も受け取っているから、反対する政府高官は少ないのが現状です。

振り返ると二〇〇九年一一月、エジプトで開催された「中国・アフリカ協力フォーラム」で、当時の温家宝首相が「今後三年間、アフリカの医療、教育、農業、インフラ整備などに総額一〇〇億ドルの融資を低金利で行う」と発言しました。その前年には、コンゴと九〇億ドルのインフラ、鉱山開発に関する融資契約を行いました。

それほどの投資を行う魅力がアフリカにはあります。

とくに近年、パソコンや携帯電話などの通信機器、ハイブリッド自動車、燃料電池などの開発、生産に欠かせないレアメタルが注目を集めています。人類が驚くほどのレアメタルをはじめとした地下資源が、アフリカには眠っています。

アフリカの資源は、これからの世界経済のキャスティングボートを握るほどのポテンシャルがあるのは間違いありません。

アメリカ地質調査所によれば、世界有数の産金国である南アフリカ共和国は、ルテニウム、ロジウム、パラジウム、オスミウム、イリジウムなどの白金族金属の埋蔵量が世界第一位で、全世界の八八・七パーセントの埋蔵量を占めます。

そのほかにもマンガンが二四・一パーセント、バナジウム三五・二パーセント、クロム三七・一パーセントでいずれも世界第二位の埋蔵量を誇ります。

コバルトではコンゴが全世界の埋蔵量の五一・五パーセントで世界第一位。ザンビアは四・一パーセントで世界第四位を占めます。

またアフリカ大陸全体では、地球の鉱物埋蔵量の三分の一を占め、石油の埋蔵量が全世界の九・五パーセント、天然ガスが七・九パーセントというデータもあります。また世界のダイアモンドの三分の二を生産しています。

では、中国は具体的にどのような形で「ひもつき援助」を行っているのでしょうか。

アフリカ有数の石油産出国のアンゴラでは、中国から二〇億ドル借り入れた代わりに、国内三ヵ所の石油資源区域の株式が中国企業に渡りました。

また南アフリカは、レアメタル「クロム」の全世界埋蔵量のうち四割弱を有していると言われています。

クロムはステンレスの原料で、錆びにくいという特性を活かして自動車や機械などの重工業製品から、台所のシンクや包丁などの日用品まで幅広く用いられています。南アフリカでも中国は道路建設などの支援と引き替えにクロム権益を獲得しました。

これらの例からもわかるように中国のアフリカ援助は、巧妙に計算されています。道路やスタジアム、空港など人目につく箱モノばかりをつくり、現地の人を雇わずに本国から移住させた中国人労働者ばかりを使います。

そして現地の人に、

「中国人が便利なものをつくってくれた」

と中国に対して親近感を覚えさせるのです。

さらに目につきやすいスタジアムや道路に面する建物に中国企業の広告を貼ります。道路を走るたび、スタジアムを利用するたびに、広告が目に入る仕組みにします。そうして、中国という国が、いかにアフリカの人々にとって身近か潜在的にすり込んでいくわけです。

中国のニセモノ技術

しかも最近は、アフリカ諸国のどこを歩いても、中国製品が目につくようになりました。

実際、アフリカの資源の多くが中国に輸出されて、その代わりに中国製品がどんどん入り込んできています。いまアフリカ諸国にとって、中国は最大の貿易相手国です。

二〇〇八年のデータでは中国のアフリカからの資源輸入総額は五五九億ドル。
そのうち四〇パーセントを占めるのはアンゴラから輸入した原油。南アフリカからは、鉄鉱石やマンガン、クロム、プラチナなどを中心に一六・五パーセント。スーダンとコンゴ共和国もほとんどが原油で、それぞれ一一・三パーセント、六・七パーセントという内訳になっています。

資源を中国に送った代わりにアフリカには、逆に中国製の安価で粗雑な欠陥品が大量に入り込みます。

たとえば、中国製の携帯電話。一台一〇ドル程度という安価で新品を購入できるのですが、店から家に到着するまでの間に故障することが珍しくありません。

日本が持つ高い技術力に比べれば、中国が持っているのは〝ニセモノ技術〟です。

私自身も中国のニセモノ技術には何度も困らせられた経験があります。できるだけ中国製品は買わないようにしているのですが、いまキンシャサは中国人が経営する店ばかりになってしまいました。

家の電球が切れたので、取り替えようと中国人の店で買い求めました。取り付けると一瞬だけ、パッと光って消えてしまいました。その後、もう二度と点《つ》くことはありませんでした。

ほかにも、中国製のパソコンが一万円で売っていたので、

「安いのでコンゴの学生にちょうどいいのではないか」

と購入し、コンセントにつないだ途端に、

「ボンッ」

と音を立て煙を上げて動かなくなったり、コンゴから日本へ帰る途中に手荷物をまとめるために中国人が経営する店で鞄を買ったら荷物を入れた瞬間に底が抜けたり……。あまりのひどさに怒りも失《う》せて笑ってしまいました。

中国製はすぐに壊れるとはわかっているのですが、安かったり、どうしても必要だったりして購入して何度も失敗してしまいます。

そんな状況ですから、アフリカの人たちも中国のニセモノ技術への不信感を強く抱くようになりました。

以前、私はコンゴの友人に「結婚式の撮影で使うから日本のカメラを買ってくれ」と頼まれました。さっそく私は秋葉原で日本の有名メーカーのカメラを購入し、友人に届けました。〝Made in Japan〟の性能の良さを知っている彼のことだから、きっと喜

んでくれるに違いないと思いました。しかし予想を裏切る反応が返ってきました。

「これは、日本製じゃない」と彼は言うのです。

「これはホンモノの日本のメーカーのものだよ。日本で買ったものですよ」

何度も説明する私に彼はこう語りました。

「だって箱に〝Made in China〟とあるじゃないか。だからこれはニセモノでしょう。〝Made in Japan〟ではありません」

「それは日本のメーカーが中国の工場でつくっているということなんですよ。ニセモノでなく、本物の日本のカメラですよ」

そう話しながら私は友人が頑なにニセモノだと言い張る理由がわかった気がしました。

アフリカには中国製のニセモノブランドがあふれています。洋服もバイクも電化製品も食料品も、世界的に有名なブランドやメーカーのロゴが描かれていたとしてもホンモノはごくわずかで中国産のニセモノがほとんどです。

中国のニセモノブランドに接しているアフリカの人々が、本物だとしても〝Made in China〟と書かれた商品を見て疑う気持ちはわかります。

いまのアフリカでは、どんな高品質の日本製品でも〝Made in China〟では

「またニセモノか」と思われてしまいます。これから世界的に丈夫で品質がいい製品の代名詞だった〝Made in Japan〟を守るためには、このまま中国を生産拠点にしていてもいいのか、考えなくてはなりません。

私のように笑い話ですまないこともあります。

二〇〇八年、有害物質メラミンに汚染された中国産の粉ミルクが世界中に出回った事件が起きました。私は以前から中国産の危険で粗悪な食品がアフリカに流入しているのではないかと危惧していました。

日本の消費者は意識が高いので、中国産食品の安全性が問題になってからは、ほとんどの人が値段が高くても国産の食品を選ぶようになりました。でもアフリカではまだそこまでの危機意識はありません。

しかもアフリカ諸国では、不審死が起きたとしても、日本などの先進国のように司法解剖が行われることが滅多にないのが現実です。

ごく限られたお金持ちや権力者はできますが、彼らは中国産食品の危険性を熟知していますから手をつけません。

もしも何も知らない子どもや安い中国産食品しか食べることができない貧しい人が犠牲に

なっていたとしても、原因が究明されずに闇に葬られている可能性もあるのではないか、と心配しているのです。

中国による新植民地主義

コンゴには、中国の欠陥品を象徴するような笑い話があります。

「お父さん、お母さん、子どもができました。父親は中国人です」という若い娘の妊娠の報告に、親はこんなふうに嘆きます。

「なんでおまえは中国人と子どもをつくったんだ!? 中国製は長持ちしないから、お腹の子どもも寿命が短くて早く死んでしまうんじゃないか？　かわいそうに……」

コンゴのある番組が放送した親娘のやりとりが、一般の人たちの間で広まっていったのです。

安価な欠陥品が広まった結果、アフリカ各地で現地企業が次々に倒産しています。

インフラ、衣食住だけでなく、生活に必要なものすべてを提供して骨抜きにして支配する中国の手法は、植民地時代のヨーロッパのやり方と酷似しています。

植民地時代、ヨーロッパの国々がアフリカに入り込んできました。

彼らは「私たちに任せてください。すべて無料でやりますから」と甘い言葉でささやきました。そしてインフラなどの社会基盤を整備し、ヨーロッパ式の宗教、政治制度、文化、言語などを与えて、自分たちがコントロールしやすい環境をつくって植民地化し、やがてすべてを自分たちのものにしました。

たとえば、ベルギーのダイアモンドは世界的に有名です。ベルギー王室にもダイアモンドをあしらった宝石が飾られています。しかしベルギーからはダイアモンドは産出しません。ベルギーのダイアモンドはすべてコンゴ産。アフリカから運んだ物を自らのものとしたわけです。

こうした欧米の植民地政策になぞらえて、中国のアフリカ政策は、「新植民地主義」と呼ばれています。

二〇一一年六月には、ザンビアで現地テレビ局の取材を受けたアメリカのヒラリー・クリントン国務長官（当時）が「アフリカは中国の新植民地主義に注意すべきだ。アフリカが新たな植民地となるのを見たくはない」と発言して注目されました。

中国の新植民地主義は、世界的な批判にさらされつつあるのです。

アフリカの悲劇

そもそもアフリカ諸国は、なぜこれほど援助に頼らなければならないのでしょうか。

中国の新植民地主義が、ヨーロッパの旧植民地主義とどう似ているのか知るためにも、アフリカの歴史を振り返ってみたいと思います。

約五〇〇万年前、人類は東アフリカで誕生したと考えられています。アフリカ大陸は、人類発祥の地でありながら、長らく発展から取り残されてきました。

その最初の要因が、アフリカの悲劇である奴隷制です。

一五世紀に入り、欧米諸国は「大航海時代」を迎えてアフリカの人々を奴隷としてアメリカ大陸などに輸出する奴隷貿易をはじめました。プランテーションの労働力として取引された奴隷たちはアメリカ大陸各地に送られました。

一九世紀まで約四世紀の長期間にわたって続いた奴隷貿易によって西アフリカから送り出された奴隷の人数は、正確な記録がないためにさまざまに推測されていますが、通説としては一五〇〇万人から二〇〇〇万人とされてきました。

奴隷貿易がアフリカ大陸に与えた影響は大変大きなものでした。

まず内陸部のアフリカ人社会が壊されました。奴隷狩りに抵抗して亡くなっただけでなく、内陸部から海岸部に運ばれる途中、あるいは目的地のアメリカ大陸までの過酷な航海で多くのアフリカ人が病に倒れたり、殺されたりしました。

働き盛りの人々が奴隷として取引されたためにアフリカ人社会の人口は減少、国力は衰退していきました。

また一五世紀にポルトガルが植民地化を進めてから、欧米諸国はアフリカの諸地域の支配権を激しく争いました。列強同士の混乱を防ぐために開かれたのが一八八五年の「ベルリン会議」です。

そこでイギリス、フランス、ドイツ、ベルギー、ポルトガル、スペイン、アメリカ合衆国など一四ヵ国が地図上でアフリカ大陸を分けてそれぞれの植民地を決めました。緯線や経線、川などをもとに「直線」に国境が引かれ、アフリカの人々の民族や部族、言語、文化などは無視して、人工的に国をつくったのです。

中国の登場

ひとつの民族が複数の国に分割された弊害は続いています。

たとえば、ケニアには四〇を超える民族があると言われています。英語やスワヒリ語が主に使われていますが、いまもすべての民族に共通して通じる言語がないという状況なのです。そのために民族や部族間の対立などが起こりやすく政情が安定しにくくなってしまいました。

アフリカ諸国が独立を勝ち取ったのは、第二次世界大戦後。しかしその後も人工的につくられた国境の影響で、紛争や内戦が繰り返されました。

さらにアメリカとソビエト連邦の冷戦時代に入ると、米ソが争うように、援助をダシにアフリカ各国を自陣に取り込もうとしたために紛争が長期化してしまいました。

しかし冷戦が終わると各国のアフリカへの関心が急速に薄れていきます。同時期に援助を続けてきた欧米先進国の経済が停滞してしまいました。その影響で、日本も含めた先進諸国はアフリカ支援に消極的になりました。

いわゆる「援助疲れ」と呼ばれる現象です。

そんなときアフリカに登場したのが、中国でした。

それまで中国は「力の無いうちは国際社会で目立たずに力を蓄える」という「韜光養晦《とうこうようかい》」を続けてきました。海外での中国のイメージが悪くなるのを警戒して移民も規制していたのです。しかし現在、自らに課した「韜光養晦《とう》」を解きました。

国家主席在任中の二〇〇三年から二〇一三年、毎年のようにアフリカに足を運び「ミスター・アフリカ」と呼ばれた胡錦濤前国家主席は、中国人民にアフリカへの移民を推奨しました。人口増加による公害の蔓延という国内の問題を解決する手段として移民政策を推し進めたのです。

一説によれば、最終的には二億人から三億人の移民をアフリカへ送り込む計画があるといいます。

中国人の移民生き残り戦略

中国人がアフリカで目立ちはじめたのは、三〇年ほど前だったでしょうか。

当初、彼らは農業の技術支援プロジェクトの名目で南部アフリカに入ってきました。いまになって振り返ると彼らの移民戦略は、本当に考え抜かれていると驚きを覚えるほどです。

先述したように三〇〇年以上も続いた植民地時代、アフリカの大地はヨーロッパの国々によって支配されました。宗主国はアフリカ人を奴隷にし、ココアやカカオ、パーム油などを生産、自国へ輸出していました。

その後、植民地支配が終わり、主な輸出品は鉱物資源に変わりました。プランテーションから解放されたアフリカの人々は、次に欧米資本が経営する鉱山の労働者として駆り出されました。

その結果、多くの農地が放棄されました。

二〇〇二年のＦＡＯ（国際連合食糧農業機関）の発表によると、アフリカの耕作可能な土地八億七〇〇〇万ヘクタールのうち、実際に耕作されるのは、わずか二五パーセント。

中国はアフリカ各地で空き地となった広大な農作適地、耕作放棄地に目をつけたのです。

たとえば二〇〇八年五月、中国の種子会社「チョンチン・シード・コーポレーション」は、タンザニアから約三〇〇ヘクタールの土地を借り受けて、米を栽培することを発表しました。

まず彼らは農業支援という名目で定着して自分たちの主食である米や野菜を生産します。次にやってくる同胞が住みやすい環境作りからはじめるわけです。

しかもアフリカの食糧生産率は世界的にみても著しく低い。

二〇一三年現在、ＦＡＯによれば、一ヘクタールあたりのトウモロコシの収穫量は世界平均で五・四トンですが、アフリカの平均は世界平均の半分にも満たない二・〇トン。ちなみにアジアは五・一トンです。

灌漑《かんがい》設備の投資や農業技術の普及が十分とはいえないアフリカの農業分野に参入した理由は、なじみのある穀物や野菜を生産してアフリカに広めようという作戦です。

そして消費するのは自分たち中国人です。あるいは、中国企業によって生産された農作物は、輸出される可能性も高い。そうなるとアフリカで増産された食糧が、飢餓に苦しむアフリカの子どもたちの口に届くことはありません。

中国の新植民地主義は、一貫しています。農業にしても鉱物にしてもアフリカから収奪するだけ。現地に生きる人たちへの配慮がまったくないのです。

社会基盤を食い散らかす中国人

農業の従事者の次に増えた中国人は、インフラ整備や鉱山開発などに携わる労働者でした。

彼らは一般のアフリカの人たちから一軒家を借りて暮らしていました。

しかし一年経ち、二年経ち……。プロジェクトが終わっても一向に帰国しようとしません。契約の期間が過ぎても退去する様子がなかったので、困った家主が抗議に行かなければならない事態が増えました。

しかしすでに契約した中国人本人はいなくなっていました。その代わりに別の中国人たちが生活していました。彼らは、

「前に暮らしていた人と契約しているから」

「金は払っているから」

と退去せずに居すわり続けました。あるいは、一人、二人向けに貸していたはずの家に一〇人以上が暮らしていたなんてケースもあったと言います。

最初に契約した本人を探してみても、姿をくらましてどこにいるかわかりません。しかも又貸しどころではなく、又又貸し、又又又貸しというケースもありました。

住んでいる中国人を問い詰めても、

「どこにいるかわからない」

「元々誰が借りていたか自分も知らない」

と要領を得ないどころか、

「オレは金を払っているんだから、問題ないだろう」

と開き直る始末。自分が相手を困らせている、契約違反をしているという意識がまったくないのです。

やがて住んでいる中国人もいつの間にかいなくなってしまいます。大家さんは泣き寝入りするしかなかったわけです。

これがコンゴではじめて顕在化した中国人移民の問題でした。

こうして流動化する中国人移民はどんどん増えていきました。

人口増加にともない中国人のための中華料理屋やナイトクラブが続々とオープンして、中国村ともいうべき新たなコミュニティが形成されていったのです。

中国人移民の特徴は、インフラ整備や鉱山開発に携わる建築家や技術者というハイクラスな立場や肩書きで訪れていた人たちが、いつの間にか副業を行うこと。

たとえば、道路工事の肉体労働で手にした資金を元手に中国人が経営する衣料品の工場と契約して衣料品店を開いたり、本国から薬を安く大量に仕入れて薬局をオープンしたりするケースが多いのです。本業でえられる賃金が少ないから、いい生活をしようと思ったら自分で稼がなければならないという事情もあるのでしょう。

こうして多くの中国人移民は本業の傍らでサイドビジネスをはじめ、それが成功するとサイドビジネスを本業にして事業を拡大していきます。

こうした現実を前にして、我々アフリカ人はようやく悟りました。

彼らは〝援助〟の名のもとに、自国での貧困から抜け出そうと一攫千金を夢見てラストフロンティア・アフリカまでやってきたんだ、と。

そう考えれば、ボツワナの空港もコンゴの道路も理解できます。

彼らの目的は儲けること。

空港が完成しなくても、道路で交通渋滞が起きても関係ないのです。アフリカに定着して、副業で一山当てるためにきているのですから。

〝援助〟の名目でやってきた中国人が、サイドビジネスをはじめた結果、大きな社会問題が発生しました。

それはアフリカ諸国の失業者の急増です。きっかけは二〇一〇年のサッカー・ワールドカップでした。一説にはワールドカップに向けての建築ラッシュに合わせて四万人以上の中国人労働者が南アフリカに入ってきたと言われています。彼らはスタジアム建設などに従事しました。

しかし南アフリカに労働力が足りなかったわけではありません。逆に大勢のアフリカの人々が仕事を求めていました。

アフリカ第一の経済大国である南アフリカには、経済が破綻した隣国ジンバブエやソマリア、エチオピアなどの国々からたくさんの難民が流入しています。

難民たちの仕事をどう創出するか。

それは、南アフリカが長年抱える懸案のひとつでした。それを解決するチャンスだったにもかかわらず、中国人が仕事をすべて奪ってしまいました。

ワールドカップで、中国人が手がけた仕事は土木業だけではありません。たとえば、ナショナルチームのユニホーム販売。もちろんオフィシャルショップもありますが、中国人はコピー商品、いわばニセモノを大量に製造して、販売しはじめました。

日本でも中国製のコピー商品がたびたび問題になります。質は悪いけれど安い商品を買い求める人は大勢います。しかしコピー商品の流通を許してしまったら、まじめに働いている人たちがバカを見るのはいうまでもないでしょう。

まさかそこまで商法

中国人たちは、本当にわずかなビジネスも見逃しません。

まさかそこにきたか……。私だけでなくアフリカの人々が夢にも思わなかった出来事があります。

コンゴでは朝、路上で揚げたてのドーナツを売るおばあちゃんたちの姿がよく見られました。おばあちゃんたちが起きるのは朝三時。作りたてのドーナツを小学校に登校する子どもや仕事に向かう労働者が買って食べる——コンゴの原風景といってもいい毎朝の光景でした。

しかし中国人は、おばあちゃんたちの仕事だったドーナツ屋台にも目をつけました。正直にいえば、当初、私たちには信じられませんでした。わざわざ中国からやってきてまでやるビジネスなのか、と驚き、本当にメリットがあるのだろうか、と疑問に思ったのです。

しかし彼らはおばあちゃんたちの仕事を乗っ取りました。彼らは安く大量のドーナツを生産しました。先ほども話したように残念ながらアフリカではまだ食の安全に対する意識は日本ほど高くありません。しかも毎日のことですから、買う側もどうしても安い方を選んでしまいがちです。

結局、昔ながらのおばあちゃんが作るドーナツ屋が姿を消して、代わりに中国人が経営するドーナツ屋ばかりになってしまいました。

中国人の進出により、コンゴの人たちにとっては当たり前だった原風景が奪われかけているのです。

最近は中国製ドーナツを食べた人が食中毒を起こし、ドーナツを作った屋台が廃業に追い込まれるという出来事がありました。

それまでおばあちゃんたちは卵や小麦粉、ピーナツなどアフリカで暮らす人なら誰もが知っている材料を使って、ドーナツを作っていました。ある意味では、おばあちゃんたちは、食の安全・安心を日常の習慣として守っていたわけです。でもそれは当たり前です。ドーナツを食べるのは、自分の子や孫なのですから、変なものを食べさせるわけにはいきません。それは日本のお母さんやおばあちゃんだって同じです。

でも中国人たちは違いました。彼らが扱う原料は何かわかりません。悪くなった原料を安く手に入れたり、聞いたこともない食品添加物を投入したりして大量に生産するから、コンゴのおばあちゃんが手作りするドーナツよりも安いし、大きい。反面、中国製ドーナツを食べて、食中毒を起こしたり、体調を崩す人もいるのです。

しかし食中毒事件が起きて閉店しても、日本語で言う「雨後の筍《たけのこ》」のように、ひとつがなくなってもまた次の中国人がドーナツ屋台をはじめます。いたちごっこのような状態なのです。

大げさに聞こえるかもしれませんが、中国人のサイドビジネスがこのまま続けばコンゴ社会の基盤を壊しかねません。

その最たる例がＤＶＤやＣＤの海賊版の販売です。海賊版はアフリカに中国人が入ってくる前から存在はしていました。

一〇年ほど前までは、反社会的勢力に属するような現地の人々が一般の住宅を改造したような小さな作業場で違法にコピーし、学校をドロップアウトした学生や親を亡くした孤児を自分の子分や下っ端にして売らせていました。

規模も小さかったし、子ども一人が売る枚数も二〇枚から三〇枚程度。売り上げの何割かを子どもたちが手にして、食費や遊ぶ金として使う……そんな形の商売でした。

海賊版を認めるわけではありませんが、ドロップアウトした子どもたちが生きるための必要悪ともいえる商売だったのです。

子どもから教育を奪う

しかし中国人が手がける海賊版ＤＶＤの販売システムは従来のものとはまったく違いまし

た。

アフリカ人の子どもを使って売るという形態は以前と同じですが、規模がまるで違います。企業として組織的に行っているのです。

大きな工場で組織的に生産するから、流通する数が桁違い。ドーナツ屋台と同じで、取り締まっても取り締まっても新たな拠点で生産がはじまる「雨後の筍」状態です。

何よりも問題となっているのは、売り子となった子どもたち。

売り子のほとんどは郊外で生活する貧困層の子どもです。そんな子どもを組織的に動員して、路上の売り子として使っています。貧しい生活を強いられている親も現金を稼げるのなら、と黙認している状況です。

オリジナルのDVDの定価は三〇ドルから五〇ドル程度。海賊版はその一〇分の一程度で取引されます。かつてなら兄貴分から弟分や子分の売り子に、小遣い程度の額が手渡される程度でした。

しかしいまは違います。取り分はフィフティフィフティ。一枚売れば、一ドル五〇セントから二ドル五〇セントの取り分になります。つまり子どもは売れば売るだけお金が手に入るという仕組みになっています。

コンゴでも世界中の国々と同様に貧富の格差が広がっています。ビジネスに成功した億万長者もいる反面、一日一ドル以下で生活している人もいます。国民の平均月収は一五〇ドルから三〇〇ドルほど。

そんな国で、善悪の区別がつかない年頃の、しかも貧しい生活を送る子どもに〝商売〟をさせているわけです。子どもだって一生懸命働きます。がんばればがんばるほど儲かるわけですから、面白くないわけがありません。

その結果、たくさんの小学生が学校にも行かずに朝から路上で〝商売〟をするようになりました。

当初、政府や警察も取り締まりを強化していましたが、あまりにも増えすぎて手をつけられない有り様。なかには、貧しい地方の親に仕送りをする子どももいるという話も聞きますから、さながら出稼ぎのような状況です。そのような形で中国人はサイドビジネスに子どもを利用しているのです。

学校にも通わずに大金を手にできるわけです。犯罪につながる危険性もあります。

本来、子どもには汗をかいて働く充実感やお金の大切さを教えなければなりません。学校に通ってさまざまなことを学ぶことが、何よりも重要なのはいうまでもありません。

子どもを利用する中国人のやり方に私は憤りを覚えます。彼らは相手の事情や状況をまったく考慮しません。考えていることは、いかに自分が儲けるかということです。

教育が国の基盤を作って行くにもかかわらず、物心がついていないような年頃の子どもたちが勉強もせずに裏社会で金を稼ぐ手段を覚えている……その国に待っている未来は暗澹《あんたん》たるものでしかありません。

独裁という社会システム

というのも独裁政権時代を経験した我々コンゴ人は教育の大切さを身をもって知っているからです。

コンゴは一九六五年から一九九七年まで独裁時代が続きました。

植民地時代の独裁者の名前は、モブツ・セセ・セコ。彼が支配していた時代、コンゴには大学院生がたったの数人しかいないという時期がありました。自分に反発したり、抵抗しないようにわざと教育を疎かにして学校に行けないようにして、読み書きを覚えさせなかったのです。

彼はヨーロッパ諸国と深い関係を築きました。

コンゴの地下資源を先進国に売ってえた莫大な金がスイスの個人口座に振り込まれました。そうして不正に蓄財した個人資産は、三〇億ドルとも五〇億ドルとも言われ、コンゴ一国の外債の約三分の一に相当したと推測されます。モブツは、世界第三位の金持ちと呼ばれました。

一方で国民は貧しい生活を強いられるわけですが、勉強していないから不正を見抜くことができなくなっていました。世界最貧国と言われるような経済状況、生活水準にもかかわらず、トップが世界トップクラスの金持ち。その矛盾に気づけず、不正な手口を不審とも思わなくなってしまうのです。

実は、この仕組みをつくったのは、植民地時代の白人です。

独立後も影響力を持ちたい白人は、まじめで勤勉な人間を排除した上で、強欲で言うことを聞く都合のいい人間に権力を与え、利権を独占させました。

結果的に独裁者は、反発する人間、意見に従わない人間を殺し続けるしかなくなります。なぜかというと答えは簡単で、手をゆるめた瞬間、自分が殺されてしまうから。恐怖で殺戮を続けるわけです。

話は逸れますが、中国の習近平国家主席や北朝鮮の金正恩第一書記が政敵を粛清し続けるのも同じ理由です。

コンゴをはじめアフリカ諸国は、独立後も白人が構築した権力メカニズムから逃れられませんでした。語弊を恐れずに言えば、支配する人間が、白人から黒人に変わっただけで植民地体制は続いていたのです。

いまの中国のアフリカ政策が、新植民地主義と海外で非難されていると前にも述べました。

国家の政策としてアフリカの指導者にさまざまな利権を与えて資源を独占し、個々の中国人は子どもから教育の機会を奪うようなシステムのサイドビジネスを手がける……。

中国政府も企業も一個人もすべてがつながり、連動する中国の国家的な陰謀——これこそが新植民地主義の形なのではないか。そう考えてもあながち的外れではないのではないかと思うのです。

私はコンゴの独裁時代に教育が蔑《ないがし》ろにされた歴史を知っていたので、長年アフリカ諸国の若者たちが日本に留学できるような制度作りに力を尽くしてきました。日本の優れた技術や文化を未来あるアフリカの若者たちに学んでもらいたかったのです。

しかしいまの中国の新植民地主義に侵されて、原風景や教育すらも奪われるアフリカ大陸の現状を見ると、本当に残念でなりません。

中国の新植民地主義は、現在のアフリカ大陸を食い荒らしているだけではなく、未来をも破壊しているのです。

消滅するジャングル

アフリカの未来を左右する問題のひとつに森林伐採による砂漠化があります。

西欧諸国の植民地政策から引き継ぐような形で、中国が取り組むアフリカの森林開発も砂漠化の一因になっています。

ＦＡＯによれば、二〇一〇年から二〇一五年までアフリカの森林面積の年間純消失が二八〇万ヘクタールという調査結果が出ました。九州七県と沖縄の森林すべてを合わせるとちょうど二八〇万ヘクタール。アフリカ大陸では、毎年九州と沖縄の森林に相当するジャングルが消失していることになります。

とくに深刻なのは、コンゴ川流域のコンゴ、ガボン、カメルーン、アンゴラのジャングル。ここには地球の緑の三分の一が存在していると言われ、さまざまな種類の動植物が棲息する地域です。面積は約二億ヘクタール。しかし一説には、現在のペースで伐採が続けば、二〇五〇年までにコンゴ川流域のジャングルの三分の二はなくなるという報告もあるほどです（後出の『アフリカを食い荒らす中国』から）。

人類の共有の財産と言ってもいいコンゴ川流域のジャングルが危機的な状況に追い込まれているのです。

コンゴ、ガボン、カメルーンの材木の最大の輸出国は、中国。コンゴやカメルーンには、丈夫で腐らず、何世紀も保《も》つので非常に高価な木材である黒檀が大量に群生しています。黒檀は世界各国で家具や弦楽器に用いられます。これを植民地時代には欧米各国が、そしていまは中国企業が、乱伐して輸入しているのです。

さらにコンゴ川流域には、大人の平均身長が一二八センチメートルのピグミー族などの少数民族が暮らしています。豊かなジャングルの恵みで生活している彼らも中国の森林開発で多大な影響を受けています。

カメルーンの少数民族の集落を訪れたときのことです。

「中国人は絶対にジャングルには入れない。もしも自分たちが飢えて死にかけたとしても中国人には助けを求めない。彼らは私たちを騙して、ジャングルを破壊した」

村長が中国人への憤りを隠しませんでした。

木をお構いなく切り続ける。伐採したあと、植林はしない……。

あとで中国企業が森林開発したエリアの衛星写真を見てみると茶色の土壌がむき出しになっていました。

中国人が破壊しているのは、アフリカの都市部の人々の生活だけではなく、何百年もジャングルの恵みで生き続けた少数民族の暮らしも脅かしているのです。

中国人が何人いるのか

国民の仕事や教育が中国人によって奪われて、自然環境を破壊され続ける現状に、アフリカ各国の政府も手を拱《こまぬ》いているだけではありません。反中感情の高まりを受けて労働法の改正作業が進められています。

たとえば、ガーナやタンザニア、エチオピアなどでは、中国人不法滞在者に対する厳しい取り締まりが行われています。とくに無許可の露天商や屋台などの労働に従事している中国人移民の起訴に踏み切りました。

タンザニアでは、投資家として入国した数百人の中国人が実際は露天商や靴磨きなどのサイドビジネスを営んでいた事実が明らかになりました。そんな中国人違法労働者に対し、政府が三〇日以内に国内の労働市場から撤退するよう命令を出したという報道もありました。けれど、多くのアフリカ諸国は、政府高官が中国企業から多額の賄賂をもらっているせいで、中国人の労働を規制できないのが現実です。

こうして細かな例を見ていくとアフリカ大陸には一体何人の中国人がいるのだろうと気になる人も多いのではないでしょうか。

アフリカでもっとも中国人が多い国は南アフリカ共和国です。先述したように二〇一〇年のサッカー・ワールドカップをきっかけにスタジアムなどの施設建設のために四万人以上とも言われる中国人が流入しました。

私の実感としてはワールドカップ前、中国人はそれほど目につきませんでした。それがワールドカップを機に、街に中華料理店や中国人女性がたむろするナイトクラブ、中国人が経営する商店などができました。そしてあっという間に中国人街ができました。驚くほどのスピードで、中国人コミュニティが形成されていったのです。いま、南アフリカ共和国で暮らす中国人は、約三六万人と推測されています。

南アフリカに入ってきた中国人が出稼ぎ労働者なら仕事が終われば帰国するはずですが、ほかの国同様、帰国せずに居すわり続けました。繰り返しになりますが、アフリカを訪れる中国人たちの目的は、施設建築などのミッションを終えることではありません。彼らの最終目的はあくまでアフリカに定着して、儲けること。

当初、現地の人々は、中国人たちは出稼ぎで来ているのだからいつかは帰るだろうと考えていました。しかしビザが切れると身を隠し、不法滞在者となってしまいました。

いまアフリカ諸国は自国にいる中国人の実数を把握しようとしていますが、流動的なので調べきれていません。

そんななかフランスの『ル・モンド』紙のセルジュ・ミッシェル記者とスイスの『レブド』誌のミッシェル・ブーレ記者が二〇〇六年から二〇〇八年にかけて取材した『アフリカを食い荒らす中国』（中平信也訳、河出書房新社）では次のように推測しています。

アフリカの中で中国人が最も多いといわれる南アフリカで、二〇〇六年末に開催された大学のセミナーで発表された報告によると、アフリカに住む中国人は七五万人である。アフリカの新聞では「何百万人もの」中国人という表現が使われることも珍しくない。中国側の推定は、中国のアフリカ人民友好協会によるものが一番多い数字を示している。アフリカ五三カ国のうち三三カ国を訪問した同協会の黄沢全《ホアン・ツォーチュアン》副会長は、『中国貿易報』のインタビューの中で、アフリカで暮らす中国人は推定五〇万人と述べている（以下略）。

いまはさらに増えていて、一〇〇万人を超す中国人が暮らしていると考えられています。現在、中国の人口は約一三億人。先述したように最終的に二億人から三億人の移民をアフリカへ送り込む計画があるとすれば、中国のアフリカ移民政策はまだはじまったばかりといえます。

アフリカ大陸の人口は約一〇億人。そこに二億人から三億人の中国人移民が入ったら、五人から六人に一人が中国人という割合になります。そうなれば、文化や習慣、町のあり方まで大きく変えてしまうでしょう。

私は中国の「ひもつき援助」は、中国企業の進出とともに中国人移民の雇用創出の役割を果たし、中国人の定着を促進する政策ではないかと考えています。わかりやすく言えば、中国政府が中国企業と中国人を使って行う「ひもつき援助」は、アフリカに定着を目指す中国人の〝食い扶持〟になっているのです。

〝食い扶持〟を断たれれば、新たにやってきた中国人の多くは定住できません。だからこそ、私は「ひもつき援助」は中国政府が主導する新しい形の移民政策なのではないか、と考えているのです。

中国の援助の現場で働くのは九九パーセントが中国人。現地の人はまったく使いません。それも現地の人々の反感を買う大きな要因になっています。

この流れに「ノー」を突きつけたのが、ボツワナのイアン・カーマ大統領です。

二〇一三年六月に横浜で開催された第五回アフリカ開発会議（TICAD5）のために来日したカーマ大統領のインタビューが、六月二日付の毎日新聞に〈ボツワナ大統領　中国支援に注文「労働者はいらない」〉という主旨の記事として掲載されました。


（カーマ大統領は）アフリカで存在感を増す中国の支援への期待を表明する一方、「中国が雇用先を確保したいのは分かるが、労働者を連れて来るならそれは『ノー』だ。まず地元の労働力を最大限に活用すべきだ」と訴えた。

最近アフリカでは、中国の支援に対し、雇用も生まず技術移転もなく「これではアフリカが育たない」といった声も上がっている。

大統領がそう訴えざるをえないほど問題になっているのです。まれに中国の企業が、現地の人々を雇用することもありますが、そこでも問題が起きています。せっかく仕事が見つかったと喜んで働いていたアフリカ人労働者が、ある日突然、解雇されてしまうのです。

実は、私も何度か相談を受けたことがあります。話を聞くと、みな「まじめに働いていた。解雇されるようなことは何もしていない」と口を揃えます。

現地の人に協力してもらって、調査しました。すると解雇される時期に共通点がありました。なんと給料日の直前にクビを言い渡されていました。タチが悪い冗談のようなことが、実際に行われているのです。

アフリカの中国人は囚人？

一国の大統領が中国への懸念を訴えるような状況ですから、アフリカの人々の〝反中感情〟はとても激しいものです。

「アフリカにやってくる中国人のほとんどは囚人だ」

なんていう話がまことしやかに語られています。

実際、検証したジャーナリストもいます。もちろんそんな事実は確認できなかったそうです。

しかしＩＤなどを偽造し、来歴を偽ってアフリカ諸国に入国する中国人はあとを絶ちません。なかには、中国では人口が増えすぎて刑務所に収容できなかった囚人をアフリカに送り込んでいると信じているアフリカの人々もいます。いや、そう思い込んでいる人がほとんどだと言ってもいいような状況です。

読者の方々は、そんなバカな、と思うかもしれません。しかし笑い話では片付けることができないような事件が立て続けに起こっています。

次に紹介する事件を知ってもらえば、アフリカの人々がウワサを信じる理由がわかっていただけるのではないかと思います。

二〇一二年八月、アフリカ南西部のアンゴラで、人身売買、強制売春、誘拐、恐喝、強盗などの重大犯罪を犯した三七人の中国人が逮捕されて、中国に強制送還される事件が起きました。

また二〇一四年一二月、ケニアのナイロビでは、中国人ハッカー七七人が逮捕。銀行口座やATMに侵入する準備をしていたそうです。

これは氷山の一角に過ぎません。

中国人による事件が多発して、アフリカ全土で大問題になっているのです。すでにアフリカ各地で〝反中感情〟がむき出しになっています。住民の鬱積した怒りの爆発ははじまっています。

帰国中、コンゴ人と中国人のケンカを頻繁に目の当たりにするようになりました。

この間もラク・デ・マヴァレという美しい湖が望める一流レストランに日本からのお客さんをお連れしました。

顔見知りの店員が、

「ムルアカさん、あちらにも日本人がきていますよ」

と教えてくれました。見てみると日本人ではなく、中国人のグループでした。しばらくすると店員と大声で怒鳴り合いがはじまりました。

聞けば、飲み物だけをオーダーして、自分たちが持ち込んだ料理をテーブルに広げて食べはじめたというのです。そして注意した店員に対して中国人が怒り出してくってかかったのでした。

もともと中部アフリカの人々は温厚だと言われています。私は日本人を連れて中部アフリカによく行きますが、ケンカになったことは一度もありません。そんな性格の中部アフリカの人たちが怒鳴り合うわけですから、よほどストレスがたまって腹に据えかねているのだと思います。

口論や殴り合いですめばまだいいのですが、刃物で殺傷する事件も増えています。アフリカ人が中国人を殺害する――。

本当に残念なことですが、アフリカの人々にとって、それはもう珍しいニュースではありません。

二〇〇七年四月二七日付の北海道新聞に〈アフリカで相次ぐ中国人襲撃　資源開発への反発背景〉と題して次のような記事が掲載されました。

アフリカで中国人襲撃事件が相次いでいる。二十四日にエチオピアにある中国資本の油田が反政府組織に襲われ、中国人九人を含む七十四人が死亡、七人が誘拐されたほか、ナイジェリアでは今年になって中国人誘拐事件が三件発生している。

アフリカ各地で経済援助の見返りに資源開発を進める中国の姿勢は、欧米から「新植民地主義」と批判されており、最近では現地の政府や国民にも反発が拡大、中国人が狙われる原因となっている。
エチオピアで襲撃されたのは、中国石油大手「中国石油化工」系企業が開発中の油田。ロイター通信によると、反政府組織「オガデン民族解放戦線」(ＯＮＬＦ)が犯行声明を出した。
また、ナイジェリアでの三件の中国人誘拐事件のうち、一月上旬の五人と同下旬の九人は解放されたが、三月に誘拐された二人はまだ解放されていない。

また二〇一二年一〇月二三日配信の日本経済新聞電子版に〈アフリカで相次ぎ中国人労働者襲撃〉という記事が掲載されました。

アフリカで中国人労働者が襲撃される事件が相次いでいる。19日にはナイジェリア北部マイドゥグリの路上で建築現場勤務の中国人が銃撃戦に巻き込まれ死亡。8日にも近くの町で中国人の料理人が市場に買い出しに出かけたところ強盗に銃殺された。中国外務省はナイジェリア政府に安全強化を申し入れた。

9月末にはカメルーンと中央アフリカの国境沿いで2人の中国人労働者が武装集団に誘拐された。アフリカで展開する中国企業はコストを抑えるため本国から大勢の労働者を送り込んでおり、その数は50万人以上とされる。

二〇〇七年の北海道新聞も二〇一二年の日本経済新聞も、記事には揃って中国人への襲撃が〈相次いでいる〉という書き出しからはじまっています。近年、それほど中国人襲撃事件が増えているのです。

ほかにも、二〇一一年一〇月にはアンゴラの首都・ルアンダで、中国人経営者が車を運転中に銃で殺害されました。

また二〇一二年八月、ザンビアの炭鉱労働者が、低賃金に抗議する運動中、中国人の炭鉱管理責任者を殺害してしまいました。その事件の二年前には、同じ鉱山で労働条件の改善を求める運動を起こしたザンビア人労働者に対して、現場監督の中国人が発砲する事件が起きていました。

本章の冒頭で、私が体験した日本大使館のスタッフが襲われそうになったエピソードを紹介しました。勘違いで事なきをえましたが、大使館スタッフがもしも中国人なら本当に殺害されてもおかしくないほど反中感情は高まっているのです。

中国の隠された狙い

逆に中国人の立場に立ってみれば、いつ命を狙われるかわからないアフリカに止まっていることになります。

アフリカには命の危険を冒すほどの経済的なメリット、ビジネスチャンスがあるからこそ、次から次へと新たな移民がアフリカの大地を踏んでいるわけです。

アフリカにやってくる中国人のほとんどは中国国内では貧困層に属しています。ビジネスを成功させて親族を呼び寄せて、贅沢な暮らしをしたいと考えています。

法律や人権、自然環境なんてお構いなしに、資源を奪って一攫千金を狙うことしか彼らの頭にはありません。

手段はどうあれ、金持ちになれば「社長」「先生」と呼ばれて、上辺だけだとしても尊敬されます。

かつては中国人のほとんどが鉱山労働者、工事現場作業員などでしたが、いまは状況が変わりました。ビジネスに成功して莫大な金を手にした中国人は、経営者や投資家になりました。

投資される側のアフリカ政府や企業は、投資家の要求や条件をすべて飲まざるをえなくなります。中国による資源の収奪はこれからより激しさをましていくでしょう。

成功者が本国から次々と一族を呼び寄せる。親族に中華料理店やナイトクラブなどのサイドビジネスを任せる。そこで資本を手にした中国人がまた別のビジネスを手がけ、さらに中国人が増えていく……。このような形でアフリカは中国に侵略されています。

しかし私は、これは表向きの構図に過ぎないのではないか、という危惧を抱いています。

なぜ彼らがアンゴラやコンゴなどの中央アフリカの鉱山に入ってきたか。

表向きの理由はレアメタルです。


けれど本当にそれだけなのでしょうか。

あまり知られてはいませんが、日本の広島、長崎に落とされた原子爆弾には植民地時代のコンゴから産出されたウランが使われました。宗主国であるベルギーを経由して、アメリカに渡ったのです。

もちろん中国が直接ウランを採掘しているわけではないでしょう。しかしレアメタルや銅、アルミニウムなどの鉱物にはウランが付着している、と言われています。

もしも中国がさらなる核開発を視野に入れてウランに目をつけているとしたら……。

いまの中国の覇権主義を間近にすると簡単に笑い飛ばせる話ではありません。

では、これまで見てきたような中国の新植民地主義に対して、日本は何ができるのでしょう。それを考える上でも、次章では日本とアフリカ、中国の関係について考察していきたいと思います。

第三章　反日に固執する中韓は「奴隷の恨み」を棚上げしたアフリカを見習え

日本が育てたライオン

「日本はライオンの子どもを育てているようなものなんだぞ。日本の気は確かなのか……」

あるアフリカの国の閣僚が、日本が中国に対して行っているODA（政府開発援助）について、あきれた口調で私に言いました。

中国の本質を捉えていると私は感じました。

ライオンの子を育てる――。

ライオンの子をいくらかわいがって育てても、成長したら飼い主を食い殺してしまうというアフリカの格言です。

ライオンを中国、飼い主を日本に置き換えて考えてみてください。

ご存じのように中国は、二〇一〇年度にGDP（国内総生産）で日本を抜き、世界第二位の経済大国に躍り出ました。

そんな〝経済大国中国〟に日本は一九七九年からODAの供与を行ってきました。その額は、二〇一一年度までの三二年間で、円借款三兆三一六四億円、無償資金協力は一五六六億円、技術協力は一七七二億円。低金利で資金を貸す円借款は高速道路や空港、鉄道など中国国内のインフラ整備に用いられました。

円借款は二〇〇八年の北京オリンピックを機に新たな供与をしないと決まりましたが、無償資金協力と技術協力は続いています。

二〇一一年度は約三〇〇億円。激減したものの二〇一二年度は一四二億円も経済大国の中国に無償で贈与しているのです。

二〇一五年九月三日、「抗日戦争勝利七〇年」で中国人民解放軍は、軍事パレードを行って、最新鋭の航空機、戦車、装甲車、大砲、ミサイルなどをお披露目しました。

日本人がODAを出してインフラ整備をしてくれたから、中国はあれだけの軍備を持つことができたわけです。あの中国軍の軍備は、みなさんの税金で揃えられたのです。

日本がODAというエサをせっせと与えたライオンの子が、大きく成長して尖閣諸島という日本ののど元に噛みつこうとしている——。

アフリカの閣僚はそう言いたかったわけです。

なぜ中国人留学生を優遇するのか

「気は確かか……」という閣僚の危惧は、留学生の数を見てもわかります。

二〇一三年度に日本が受け入れた外国人留学生の第一位は、中国人。全世界から来日した留学生一三万五五一九人のうち、中国人は八万一八八四人で六〇パーセントを超える計算になります。

一方のアフリカ諸国からの留学生は、わずか一一五五人で全体の一パーセントにも満たない数です。アフリカ大陸には、世界の四分の一の国（五四ヵ国）が集まっています。仮に五四で割ったら中国人との差はあまりに大きい。非常にアンバランスな状況だと言わざるをえません。

大学や大学院に学生を通わせるには、大変な予算が必要です。

すべての留学生の六〇パーセント以上を占める中国からの国費留学生を招くために、日本は恐ろしいほどの予算を使っています。

いま、この瞬間も日本は奨学金を使って、たくさんのライオンの子を育てていると言ってもいいのではないでしょうか。

しかしなかにはアフリカ大陸は遠いから留学生が少ないのは仕方ないのではないか、と考える人もいるでしょう。またはアフリカの学生はヨーロッパやアメリカで学んでいるのではないか、と思う人もいるかもしれません。

しかし二〇〇七年度、中国は五九一五人もの留学生をアフリカから受け入れました。前年度と比べると五八パーセントも増加しています。この数字や増加率から中国がいかにアフリカに力を入れているか伝わってきます。

同時にこの数字はチャンスさえあれば、アジアにわたり、高い技術や専門的な知識を学びたいと考えているアフリカの若者がたくさんいるという事実を示しています。

実際、日本で学びたいと考えているアフリカの若者たちから、私のもとにも問い合わせがあります。試験はいつか。どのような奨学金制度を利用できるか……。

それほど来日したい若者は多いのに情報もないし、受け皿も少ないのが現実です。また日本で行われる試験は英語ばかり。フランス語を使う国が多いアフリカの学生には不利な状況です。留学生政策を改めて見直すべきです。

日本にアフリカの若者を

以前話を聞いた駐日タンザニア連合共和国特命全権大使（当時）のE・E・E・ムタンゴさんもアフリカからの留学生が少ない現状を改善したいと考えていました。

「日本には多くの大学がありますが、アフリカと学術面で国際交流している大学は、ごく一部に過ぎません。日本は非常にレベルが高い科学や技術をもっています。また会社を退職されたたくさんの方々が経験に基づいた豊富な知識と確かな技術をもっていらっしゃいます。アフリカの学生は、その知識を共有する準備ができています。しかし彼らにはその場所がないのです。すでに、マレーシアやベトナムは多くの学生を日本に送っています。日本で学んだ若者が帰国して、その知識や経験を活かして活躍しています。日本の協力による留学生制度は、その国に大きな利益をもたらします。このような留学生制度はアフリカの国々に対しても行っていくべきです」

若い人材の育成は将来のアフリカ諸国の自立につながります。

何より留学生制度は、学生を送り出した国だけに利益をもたらすわけではありません。受け入れる国にも有形無形のメリットがあるのです。

もしもアフリカから呼び寄せた優秀な若者が日本の文化や考え方を理解したらどうでしょうか。

やがて彼らは、母国の政治やビジネスを牽引するリーダーになります。

政治やビジネスの現場でのパートナーになるだけでなく、国際社会で日本を支持するロビイストにもなり、目に見えない部分でも日本の力になってくれるはずです。

日本には、そのように他国の学生を育て、活かすという長期的な視点が欠如しているのです。留学生制度の整備は人材への投資でもあります。成功すれば、日本に大きな利益をもたらすことになるのです。

日本では、中曽根政権下の一九八〇年代から、中国との関係改善を目的に中国人を積極的に受け入れてきました。中国人留学生受け入れには三〇年以上の歴史があります。

ここで少し立ち止まって考えてみてください。

彼らは日本のロビイストになってくれたでしょうか。

日本に留学した中国人が内心何を思って、どう考えているのかはわかりませんが、アフリカ諸国の政府関係者から伝え聞く限り、失敗しているとしか思えません。

「戦後責任を果たさない日本は犯罪国家だ」

「軍備を増強している日本は、まったく反省していない」

「隣国と足並みを揃えないとんでもない国だ」

……あれだけの中国人が日本に留学しているのですから、日本の肩を持つ人がもっと多くてもいいはずです。しかし中国とアフリカ諸国との政治やビジネスの現場で耳にするのは、日本のマイナス面の話題ばかり。そのような話が耳に入るたび、私は留学生制度のもっと有効な使い方があるのではないか、と思うのです。

そして、それが日本とアフリカがともに築く新たな未来の第一歩になるはずだ、と。

西欧に賠償を求めないわけ

とはいえ、中国や韓国への援助や留学生支援は戦争賠償の側面もあると考えている人もいます。しかしいまだに中国での反日デモは終わりません。韓国でもずっと従軍慰安婦問題が解決することはありません。

確かに第二次世界大戦では、世界中で多くの不幸な出来事があったのは事実です。日本も広島と長崎に核爆弾を落とされて、多くの市民が命を落としました。沖縄の地上戦もそうです。

ですが、広島と長崎の被爆者や沖縄戦の遺族に対して、何十年も経って改めて何か賠償がされたでしょうか。

いまだに中国や韓国は日本に謝罪を求めていますが、私たちアフリカ人には不思議でなりません。中国や韓国は、過去の戦争を利用しているようにしか見えないからです。

なぜ、日本だけが罪を償い続けなくてはならないのか。

前章でも触れましたが、アフリカは一五世紀から一九世紀にかけて、奴隷時代を経験しました。歴史上これほど悲惨な出来事はなかったと考えるのは、私がアフリカ人だからというだけではないでしょう。歴史を振り返れば、わかることです。

近世のアフリカ大陸では、現地の人々が動物のように追われました。奴隷狩りをしたのは、白人だけではありません。彼らはアフリカ人を言いくるめて手先にして、敵対する民族や部族を襲わせました。西欧諸国は、アフリカを分断するためにアフリカ人にアフリカ人を狩らせるという手を使ったのです。

捕まった人々は、腕や胸に焼き印を押されて、手足を鎖でつながれて運ばれました。まるで動物のような扱いを受けたのです。

そしてアメリカ大陸まで三ヵ月から九ヵ月もの過酷な航海を強いられました。一人分として与えられるのは、幅八〇センチメートルほどのわずかなスペースです。奴隷は商品だったためにムダなく穴蔵のような船底に詰め込まれました。船の甲板に出て太陽を浴びる時間も決められていました。

劣悪な栄養状態や環境のせいで、乗せられた奴隷の三人に一人が伝染病やチフスなどで亡くなった船も珍しくありませんでした。なかには絶望し、海に飛び込み自ら命を絶った人もいたといいます。

その後、アフリカの人々は、植民地化政策で文化も言語も、慣習も……アイデンティティをずたずたに引き裂かれました。

しかしアフリカ諸国は、中国や韓国のように、西欧諸国にかつての責任を求めたり、文句を言ったりはしません。

私は前章で触れたアフリカの奴隷時代を世界史の悲劇——人類史上もっとも残酷な出来事だと感じています。

たとえば、タンザニアのザンジバルは奴隷貿易で栄えた街です。ザンジバルから多くのアフリカの人々が檻《おり》に入れられて新大陸に運ばれました。身体が弱って〝商品価値〟がなくなった人々を海に投げ捨てたり、その場で殺したりしました。ペットとして取引された子どもたちもいました。しかもその時代が三〇〇年から四〇〇年もの長い歳月の間行われました。いま振り返っても、とても残酷で信じられない話です。

奴隷貿易で行われたことは確固たる事実です。中国や韓国が主張するような曖昧な歴史ではありません。

しかしアフリカの人々が西欧諸国に二〇〇年前まで行われた奴隷時代の補償や賠償を求め

たという話を聞いたことがあるでしょうか。

なぜ、アフリカは中国のように補償を求めないのでしょうか。

それはアフリカ人は未来志向で、奴隷時代は過ぎたことだと考えているからです。もちろん歴史のことは事実として学びます。しかし現代に結びつけて補償を求めるという発想はありません。逆にアフリカの人々は、あれだけ日本の援助を受けながらいまだに補償を求め続ける中国や韓国のメンタリティを理解できません。

私たちアフリカ人はこう考えています。

おじいさんや父親の世代にやったことについて、なぜ自分たちが責任を取らなければいけないんだ。過ぎた出来事じゃないか。早くピリオドを打って前に進もう、と。

このままでは中国への補償は終わらないでしょう。相手の弱みを握って、いつまでもそこにつけ込んでくる……。いまの日中関係は、中国人の手口を象徴していると思います。そもそも最初の段階で中国への補償の仕方、さらにいうなら中国との付き合い方を失敗したのではないか、と思うほどです。

いずれにしても、現在の中国は世界第二位の経済大国になりました。そして日本のＯＤＡが軍事流用されてきたことは間違いありません。

今後、どのような形で〝援助〟〝支援〟を縮小させて打ち切るのか、早急に考えなければならないのはいうまでもないでしょう。

日本のマネをする中国

二〇一四年一〇月、ライオン国家である中国が二番手に甘んじることなく、世界のトップを目指していることを象徴する出来事がありました。

中国が主導するアジアインフラ投資銀行の設立です。

二〇一五年にはアジア諸国だけではなく、イギリス、ドイツ、フランスなどのヨーロッパ各国の参加が注目されました。日本とアメリカはもちろん不参加。ちなみにアフリカからは、南アフリカ共和国が五七ヵ国の創設メンバーに名を連ねています。

すでにアジア地域でインフラ融資を行う国際金融機関が存在しているにもかかわらず、なぜ中国は設立に乗り出したのでしょうか。

アジア諸国へインフラ融資を行う既存の機関は、アメリカが主導する世界銀行とアメリカと日本が最大出資国であるアジア開発銀行の二つ。

アメリカは、アジアインフラ投資銀行の設立を中国の挑戦と受け止めています。

一方の中国には、アジアにおける経済的、政治的な影響力を強めたいという目的がありま す。不良債権が増え続ける国々にも中国の経済力にものをいわせて融資を続ければ、アジア諸国は中国に依存せざるをえない状況に陥ります。

アジアインフラ投資銀行設立の狙いは、投資を通してアジア諸国をがんじがらめにして影響力を発揮することなのです。

確かに中国の経済力と軍事力は脅威ですが、やっていることはすべて日本やアメリカの物マネ——二番煎じに過ぎません。

現在のアフリカに対する新植民地主義にしても、西欧諸国が行った植民地政策を踏襲しています。

彼らにはオリジナリティーはありません。日本と同じことを安く早く行えば、最終的には日本を追い抜けると考えている節があります。

私がコンゴに帰国するたび、中国大使館の役人が私の動向に注意していると聞いていま す。そして私が何の目的で帰国したのか、これから何をしようとしているのか、調べようとするのです。

そして私を含めた日本とアフリカの関わりを参考につくられたのが「中国・アフリカ協力

フォーラム」。これは、中国とアフリカ諸国間の外交や貿易、投資などを促進する目的で、二〇〇〇年から三年置きに中国とアフリカ諸国で交互に開かれている会議です。

「中国・アフリカ協力フォーラム」も日本の二番煎じです。モデルとなったのは、私が立ち上げに関わった「アフリカ開発会議（ＴＩＣＡＤ）」です。

はじめての開催は一九九三年。五年に一度のペースで開催される「アフリカ開発会議」には、アフリカの各国首脳はじめ世界中の国際機関の代表者たちが日本に集い、アフリカの開発をテーマに話し合われています。

二〇一三年に横浜で開かれた第五回アフリカ開発会議には、アフリカ五四ヵ国のうち五一ヵ国が参加。そのうち三九ヵ国は首脳が出席するほど、日本にとってもアフリカ諸国にとっても重要な会議になりました。

きっかけとなったアイディアを提案した私にとって、「アフリカ開発会議」の発展は何よりの喜びです。

発端は一九八〇年代後半のことでした。

当時、私は衆議院議員だった鈴木宗男先生の秘書を務めていました。

しかし、日本には、政府内にもアフリカの情報が残念ながら、ほとんどありませんでした。アフリカについて知ってもらいたいという私の思いを聞いてくださった鈴木先生は、二八の議員連盟をつくり、国会議員にアフリカを知ってもらうために、日本とアフリカの議員の交流や勉強会などの活動をはじめました。

そして一九九〇年、鈴木先生が現在の外務副大臣にあたる外務政務次官に就任。それまで話し合ってきたアイディアを実現しようと動きはじめました。

外務省が国連などの国際機関を通じて交渉を重ねて、一九九一年にアフリカの発展に向けた会議の準備がはじまり、一九九三年に東京ではじめての「アフリカ開発会議」が開催されたのです。

日本に期待するアフリカ諸国

第一回アフリカ開発会議から二〇年以上が過ぎました。

第四回まではアフリカの貧困問題、エイズ、マラリア、環境問題について毎回話し合われてきました。しかし残念ながら、同じことが繰り返されるだけで、新たな動きが具体的に生まれたわけではありません。

実際、参加したアフリカの人々からこんな言葉を何度も聞きました。

「ＴＩＣＡＤが開催されるようになっても、アフリカは何も変わらない……」

アフリカの落胆は日本への期待の裏返しでもあります。

日本の提案ではじめたＴＩＣＡＤをムダにしないためにも具体的な問題解決に向けて動く、行動力が必要なのです。

第五回では安倍晋三首相がアフリカへの三兆二〇〇〇億円の出資を表明しましたが、これも「絵に描いた餅」にならないようにしなければなりません。

具体的には立法府でアフリカシンクタンクを作り、アフリカのロビイストや日本人専門家を育成する必要があります。

ただし、第五回では変化がありました。中国の問題が取り上げられたのです。

前章で紹介したボツワナのカーマ大統領の「中国が雇用先を確保したいのは分かるが、労働者を連れて来るならそれは『ノー』だ。まず地元の労働力を最大限に活用すべきだ」という言葉がそれを象徴しています。

アフリカの国の首脳が公の場で中国を批判したのは、はじめてのことでした。ボツワナ政府は、中国の支援を受ける前から日本へのアプローチを続けていました。ボツワナでのビジネスを一緒にやりませんか、と。

しかし日本政府は腰が重くてなかなか動こうとしませんでした。同時に援助の名のもとに資源を奪っていく中国に対して、我慢の限界に達していたのでしょう。二〇一二年、ボツワナを訪れた私に前大統領もこう憤っていました。

「これ以上、中国とはやっていけない」

カーマ大統領は中国批判のあと、次のように語っています。

　　　カーマ大統領は「互恵的な関係を維持するため大切なのは、投資の量ではなく質だ」と指摘。また「過去の歴史を踏まえれば、アフリカが不当に安い資源や産品の供給源に陥ってはならない」と強調した。

　　　一方、ボツワナは今年2月、地上デジタルテレビ放送の導入で、アフリカでは初めて日本方式の採用を決定。カーマ大統領は「他方式にはない利点がある。導入を検討している他国にも経験をアドバイスしたい」と述べ、日本の技術力に期待。

　　　さらに「東日本大震災という悲劇から、粘り強く復興を遂げつつあることにも敬意を表したい」と述べた。

　　　また、核実験など北朝鮮の挑発についても日本の立場を支持し、北朝鮮との外交関係

を一時中断したことを明らかにした。（二〇一三年六月二日付　毎日新聞）

私は、日本にぜひボツワナの期待に応えていただきたいと思います。日本に期待しているのはボツワナだけではありません。中国のやり方を目の当たりにした多くのアフリカ諸国が日本に注目しています。

たとえば、二〇一一年に面会した当時のケニア駐日大使のベン・H・O・オグトゥ氏は次のように語っていました。

「これまで日本企業は、政府開発援助（ODA）を使ってケニアで活動することが主でした。しかし、ODAは支援であり、永続的なものではありません。日本企業が自らの資金を使って、ケニアに投資してほしい。そして、ケニア企業と合弁会社を設立するなど、企業間での交流がもっと増えれば、両国の関係はもっと深化すると思います。

現在、ラム港を第二の港として開発を予定しています。そしてラム港からエチオピアなどの北方の国へ、パイプラインを敷く計画もあります。この事業にぜひ、日本企業も参加してほしいと思います」

具体的なプロジェクトも提案して、ラブコールを送ってくれました。

「日本の『中小企業』を誘致したい」と語っていたのは南アフリカ駐日大使のガート・J・グロブラー氏（二〇一〇年当時）です。

「南アには豊富な鉱物資源があるので、日本のJOGMEC（石油天然ガス・金属鉱物資源機構）と協力して、鉱物採掘技術や鉱物の加工技術を、より高めたいと考えています。

さらに、非常に高い日本の科学技術にも注目しています。日本とはすでに、科学技術の共同開発協定を結んでいます。今後、衛星開発、エネルギー工学、ナノテクノロジー、バイオテクノロジーなどの分野で共同開発していく予定です。

私は日本の中小企業にも魅力を感じています。高い技術力を持ち、ビジネスの潜在能力があるからです。とくに技術力の高い中小企業の集積地である大阪・東大阪市がある関西地区に注目しています」

そんな話を聞くたび、私は日本への大きな期待を感じるのです。

アフリカ最大の橋は日本の力

いまアフリカは何よりもまず日本の「技術力」を必要としています。

アフリカは自分たちの手で鉱工業製品を生産して自立する必要があります。

資源が豊富なアフリカと、技術力がある日本が協力すれば、お互いの国に多大な利益をもたらすことは間違いありません。

二〇一四年、私の携帯電話にコンゴから着信がありました。コンゴ大統領の妹さんからでした。

「ムルアカ先生、ちょっと教えてほしいんだけど」と彼女は切り出しました。

「この前、完成したばかりの中国製の橋が崩落してしまいました。調べてみると自動車やトラックに乗せた荷物の重さに耐えきれずに橋が落ちたというのです。でも、日本がつくった橋は三〇年経つのにびくともしません。何が違うんですか？」

日本で橋が三〇年保《も》つなんて当たり前のことです。もしも三〇年程度で崩落したら大問題になってしまいます。彼女の疑問に対して、私はこう答えました。

「中国は自国内でつくっている橋も落ちるし、道路も陥没する……。専門家もいないし、橋についての調査や研究もしない。でも中国ではそれが当たり前なんです。もしも日本で同じようなことが起きたら大騒ぎになります。日本と中国では技術力が全然違うんですよ」

コンゴの人にも最初はその差はわかりません。同じようにつくってくれるのなら、日本でも中国でもいいという考え方なのです。

大統領の妹さんが話した三〇年経つ橋とは、一九八三年に日本の円借款で建設された「マタディ橋」。全長七二二メートルのアフリカ最大の橋で、コンゴの新婚旅行スポットとしても国民に愛されています。

大西洋側にわずか三七キロメートルしか海岸がない内陸国のコンゴにとって、大西洋側から国内各地への交通や流通が生命線となります。大西洋側を起点に国の西端と東端を結ぶ国道一号線は「国民路線」と呼ばれています。途中を流れる広大なコンゴ川にかかるマタディ橋は、コンゴと日本の交流を象徴する橋です。

マタディ橋は、ＪＩＣＡ（国際協力機構）と海外経済協力基金（当時）、日本の国鉄（当時）、土木学会、橋梁メーカー、土木施工会社が、現地の技術者たちと協力し、五億八七〇〇万円を投じて建築されました。

二〇一三年六月の「マタディ橋完工三〇周年記念式典」で建設に携わったバナナ・キンシャサ交通公団メンテナンス局のアンドレ・マディアッタ局長は、ＪＩＣＡの記事でこんなコメントをしています。

「マタディ橋建設時には、長期間にわたって日本人と隣り合わせで仕事をした。完成後、この橋は日本人とコンゴ人との友好の象徴となった。日本人が帰国した後も、きちんと維持していかなければという責任感から、維持管理に努めてきた。（略）国の情勢が悪化し、日本政府の支援が中断していた間も、共に橋の建築に携わった日本人との間では連絡が途切れることはなく、さまざまなアドバイスをもらった」

私は日本で横浜ベイブリッジや東京ゲートブリッジを見ているから、マタディ橋を見ても特別に立派だとは思いません。けれど、アフリカのほかの橋と比べると安全性も耐久性もレベルが違います。中国製の橋と同じ橋と呼んでいいのか、と思います。

マタディ橋には、歩道があります。水が流れる場所もあります。定期的に専門家による点検やメンテナンスも行われています。

日本の企業が橋をつくるとき、現地の人を教育してメンテナンスの仕方や技術を教えます。日本のプロジェクトは中国の人海戦術とは違って、専門家や職人スタッフが少数精鋭でやってきます。だからまず現地の作業員に釘の打ち方、道具の使い方から教えていきます。指導しながらつくるから、現地作業員も簡単なメンテナンスができるほどの技術が身につきます。中国のように決してやりっぱなしでは終わりません。

そこが大きな違いです。

ＪＩＣＡの制度でも民間企業のプロジェクトでも、ものをつくるだけではなく、現地の人を育てて研修をするというシステムがあります。

メンテナンスを続ければ、日本の橋は一六〇〇年間保つといいます。

「ありえない！」と日本の当たり前の技術に、現地の人は目を丸くして驚きます。

日本の橋の数はそれほど多くないけれど、それを補う質が評価されているのです。

「互恵的な関係を維持するため大切なのは、投資の量ではなく質だ」

ボツワナのカーマ大統領のその言葉は、ニセモノ技術でつくった〝欠陥品〟ばかりを大量に押しつけてくる中国への牽制と、質の高い技術を持つ日本への期待の表れなのです。

トラック通りから日本通りへ

日本と中国の技術力の差を示す面白いエピソードがあります。

コンゴのある閣僚がこんな笑い話をしてくれました。

その日、彼は出国しようとしていたものの、急に大統領に呼ばれて、急ぎ、ニジリ国際空港からキンシャサの中心部に向かっていました。しかし渋滞で自動車がほとんど進みません。

彼は車内で必要な書類を読んでサインしようとしました。しかし進んだと思っても道路の窪みで自動車が弾んだり、突然飛び出してきた自動車や自転車を避けるために急ブレーキを踏んだりして書類を読むのもままならなかったそうです。

大臣が乗る公用車なので先導車もいます。いくらクラクションを鳴らしてもムダ。しかし誰もそんなことはお構いなし。道路には、ムリなUターンをしようとする自動車や、歩道がないために強引に横断しようとする人や自転車だらけ。これは私も何度も経験があるから、よくわかります。

大臣は時計を気にしながら、焦っていました。次の予定の時間が近づいていました。ふだんなら空港から官邸までは空いていたら三〇分から四〇分ほど。空港を出るときには時間には余裕があったはずでした。しかし渋滞がひどくなると三時間を超えることもあります。

やがて自動車がスムーズに進むようになりました。歩道や歩道橋がつくられているから、人が道路に進入してくることはありません。Uターンできる場所もあります。渋滞も急ブレーキも、穴や段差で自動車が弾むこともないから、書類にサインをスラスラ書けた、と大臣は笑っていました。

「『コンゴ・日本通り』に入ってからは、一〇分ぴったりで官邸に着いた。日本通りに入ってからはあっという間だったよ」

中国がつくった道路は渋滞していましたが、日本がつくった道路に入った途端に自動車がスムーズに進んだと感激していたのです。

「コンゴ・日本通り」とは、コンゴ・キンシャサのニジリ国際空港と市街地を結ぶ四車線の大通りです。日本の無償協力により、補修、拡張されて二〇一四年六月に完成しました。当初は「ポワ・ルール（大型トラック通り）」と呼ばれていましたが、住民アンケートの結果「コンゴ・日本通り」に名前が変わりました。

マタディ橋と同様、日本とコンゴが官民一体となって進めたプロジェクトが評価されたのです。

また工事中に、図面にはなかったガス管や水道管が発見されました。第二章の冒頭にも記したように中国ならおそらくお構いなしに工事を進めたでしょう。その結果、電線の漏電による子どもの感電死が引き起こされたわけです。日本は撤去したり、移設しながら工事を進め、スケジュール通りに開通させました。

しつこいようですが中国製の道路には歩道がないから自転車や人も車道を通ります。自動車の動線を考えていないから、飛び出しも多い。運転手はあわてて急ブレーキを踏むことになるから、渋滞が起きるし、死亡事故も多発しています。

「大切なのは、投資の量ではなく質だ」というカーマ大統領の言葉はインフラ工事だけに止まりません。そしてその〝質〟が、人間の生活や命を守るためにもっとも重要なのです。たとえば、西アフリカに位置するブルキナファソの道路にはとにかくバイクが多いのです。

みな乗っているのは安価な中国製。「TUDUKI」や「PONDA」「YAMAWA」なんて日本のメーカー名をもじったニセモノのバイクです。

少し前の話になりますが、ブルキナファソのテレビ局の社員がこう話していました。

「中国のバイクはとても安い。安いけど、いつ死んでもおかしくない。走行中にエンジンがストップするなんてざら。当然、追突事故が多い。死亡事故もたくさん起きている。みんな命をかけて中国製のバイクに乗っているんです」

私は彼にこう説明しました。

「日本には『安物買いの銭失い』という言葉がある。でも、ブルキナファソの状況は安物を買って、命を失うということだから、無理してでも本物の『HONDA』や『YAMAHA』『SUZUKI』を買うべきだ。長い目で見ると高くつくどころか、短い目で見ても取り返しがつかないことになるから、よく考えた方がいい」

最近、ブルキナファソでは日本製のバイクに乗っている人が増えました。経済的に豊かになったことも大きいでしょうが、それ以上に〝大切なのは質〟という考え方が浸透してきたのです。

多少高価でも、住民は数年で崩落する橋より一六〇年保つ橋を求めています。同じように命を失うリスクを背負って安いバイクに乗るよりも丈夫で故障しないバイクを欲しいと思うのは普通です。

中国が支援をはじめたばかりのころ、道路ができて品物が増えることをアフリカの多くの人が歓迎し、喜びました。中国も韓国も日本もアジアはみんな一緒だと思っていました。

しかし、いまようやく、みんな中国の本質がわかってきました。

植民地時代の白人は堂々とひどいことをしたけれど、中国人は人を騙して開き直ります。たとえば、彼らは自分たちが造ったバイクが故障して事故が起きても、故障したバイクを買った方が悪いと考えます。家に泥棒に入ったら、泥棒よりも入られた方が悪い、と。

「中国社会の常識は、国際社会の非常識。国際社会の常識は、中国社会の非常識」

「人の物は自分の物、自分の物も自分の物」

そんな考え方の中国は、アフリカのどこの国の価値観とも相容れません。

中国人とトラブルになったり、騙された経験がある人はこう口を揃えます。

「中国人は我々を人間として見ていない」と。

アフリカで愛される日本の気配り

ただ中国政府や中国企業は、アフリカの人々だけを人間として見ていないわけではありません。有害物質メラミンに汚染された粉ミルクを自国の赤ん坊に平気で飲ませるような国です。人の命や生活は伝統的に軽く考えているように感じます。

一方、日本はどうでしょう。いま日本が受け入れられているのは、技術力だけではありません。

経済面の発展だけに目を向ければ、世界第二位の経済大国にのし上がった中国のあとを追って、中国のやり方をマネしようと考える人がいてもおかしくありませんが、私はそういう人に会ったことがありません。

では、なぜアフリカでは、中国ではなく日本を見習わなければ、と考える人が多いのでしょうか。

それが、日本人の気配り——人々の生活に対する配慮です。

道路工事にしても住民に迷惑がかからないように綿密な調査からはじめる。地元の役人だけでなく、住民にも説明する。工事中、交通に支障をきたさないように迂回路を準備する……。日本では当たり前のことですが、いままではそれすらもやってきませんでした。ですから、日本のプロジェクトは、現地の人だけではなく、ほかの州の道路整備担当者が見学に訪れるほど注目を集めます。

コンゴの毎月の最高気温は年間を通して、二五度から三〇度くらい。ときには四〇度近くになる日も珍しくありません。乾燥している地域もあります。

工事中は、砂ぼこりや粉塵が舞い上がります。洗車した自動車も一日走っただけで真っ黒になるほどです。

路肩にはおばあちゃんたちが営むドーナツ屋や露店が並びますが、中国のプロジェクトではお構いなしに作業を続けていました。住民もそれが当たり前だと思っていました。けれど、日本のプロジェクトでは定期的に水をまいて、砂ぼこりや粉塵を抑えました。日本が行った数ある気配りのなかでも、この散水には、現地の人々が驚きとともに感謝しました。

日本人はここで暮らしている私たちに配慮してくれている、と。

アフリカでは技術力だけではなく、こうした気配りなど小さな積み重ねが、日本の強みになっているのです。

日本へのいわれなき不信

もうひとつの強みを挙げるとすれば、歴史的なつながりが生んだ記憶です。

日本によるアフリカ支援ばかりが注目されますが、戦後の日本は、アフリカから産出された鉱物を元に工業化を進めて経済成長を果たしました。日本の経済成長を支えたのは、アフリカの資源だったのです。

しかし当時、アフリカに行くには必ずヨーロッパを経由する仕組みになっていました。その結果、日本とアフリカの交渉はヨーロッパを通して行われました。結果、日本とアフリカの関係は、いつしか封印されてしまったのです。

その後一九六〇年代、アフリカでは多くの国が旧宗主国から独立しました。そのひとつ、ザイール（現・コンゴ民主共和国）には、日本鉱業（現・ＪＸホールディングス）が進出しました。同社は巨額の資金を投資して、ザイールの国営企業と提携して鉱山開発を手がけていました。当時、ザイールには一〇〇〇人弱の日本人が暮らしていて現地で生まれた日本人もたくさんいました。

しかし、一九八三年、ザイールからの撤退を余儀なくされました。撤退にはザイール国内の政治、経済などさまざまな要因が絡んでいました。

しかし最大の原因は、日本鉱業への「いわれなき不信」でした。

産出した鉱石は、銅だけではなくコバルトなどのレアメタルを含んでいました。実際はベルギーの企業がレアメタルを盗んでいたにもかかわらず、日本人に責任を押しつけてザイール政府に訴えたのです。

当然、日本はザイール政府からの信用を失いました。交渉の場で強く自己主張できない日本人は疑惑を晴らすことがないまま、撤退するという選択をしました。

とはいえ、いま「いわれなき不信」は、ベルギーの陰謀だったと多くの国民が知るところとなりました。だからこそ、再び日本に期待しているのです。

同じコンゴでも北部の鉱山や森林に日本人を連れて行くと、住民は必ずまず最初に「中国人か？　日本人か？」と聞いてきます。もしも中国人なら話になりません。けんもほろろに追い返されて、それでおしまいです。

でも日本人なら態度は一変します。

一九七〇年代、日立製作所が鉄道を造っていた時代の名残で、「日本人か！　またきてほしい」と歓迎されます。かつて鉄道と同時に、診療所や学校も建設しました。かつて日本人に何をしてもらったか。彼らは歴史を覚えています。

一九八〇年代から続く日本の援助も、アフリカの人たちに誠実で礼儀正しく、技術力がある日本人のイメージを印象づけました。

たとえば、日本はケニアにインフラ整備だけではなくさまざまな形の支援を行ってきました。

インフラ整備の代表が「ソンドゥ・ミリウ」というダムの建造。一九八四年から二年間の調査を経て、一九九〇年から施工を開始しました。完成は二〇一〇年。ソンドゥ・ミリウが稼働するまでケニアでは電気を見たことがない人もいました。その後、日本はケニアで選挙の指導にも乗り出しました。「あなたの一票で国が変わります」というメッセージとともに投票と民主政治の大切さを訴えたのです。

ケニアは、アフリカのほかの国と比べると地下資源がほとんどありません。しかし「観光」という潜在的な資源があります。そこで、海外メディアがケニアで取材しやすいように取材許可を取りやすくしました。各国のメディアがケニアの文化や広大な自然等を紹介するようになってからは、海外からの観光客も増加しました。観光業の収入は、地下資源による収入と比べたら微々たるものかもしれません。しかし、ケニアの経済発展の一助になったはずです。

私の印象に残るのは一九九九年にタンザニアのマサイ族のために鈴木宗男先生が自費でつくった学校です。マサイの人々はそれまで見たこともないコンクリートでできた白い学校に喜び、村を挙げてお祭りをしました。その現場にいた私は、日本の支援に心から感謝する彼らの姿にこちらが逆に感動でふるえていました。彼らは、その喜びを日本人の勤勉さ、優しさとともにいまだに記憶しています。

こうした記憶も彼らが日本を待ち望む理由のひとつになっています。

進出を阻害する日本メディア

では、なぜ日本の企業はアフリカ進出に躊躇しているのでしょうか。

さまざまな要因が考えられますが、アフリカへの一歩を阻んでいるもっとも根本的なものは、アフリカへのイメージ、日本人のなかに根付いた先入観だと感じています。

日本はさまざまなメディアが発達していて情報があふれています。インターネットを検索すれば、アフリカの現実を知ることもできます。

しかしどれだけの人が、二〇一五年五月にアフリカ大陸南東部の国・ブルンジで武力衝突が起き、子どもや女性を中心とする一〇万人の市民が隣国のタンザニアやルワンダ、コンゴ民主共和国などへ難民として逃れたというニュースをご存じでしょうか。

最近は、イスラム過激派組織「イスラム国」のニュースが頻繁に取り上げられるようになりました。

これには二〇一五年一月にイスラム国が二人の日本人を拘束、処刑するというセンセーショナルな事件が発生したという明確な理由があります。それも時間の経過とともにテレビなどで取り上げられる頻度は減っています。

いまの日本のメディアは、国外で起きた本当に重要な情報を伝えていないように感じます。たとえば、外交を預かる外務省や放送行政を所管する総務省、さらに公共放送であるNHKが国の差別なく海外の情報を正しく伝えなくてはなりません。もちろん中国や北朝鮮、韓国について伝えることは大切です。

しかし、アフリカには五四ヵ国もの国家があります。

アフリカの情報が日本では伝えられる機会がほとんどない現状は、本当に残念でなりません。メディアが中国のアフリカ進出という現実を伝えれば、いままでとは違った角度から中国やアフリカを見ることもできるはずです。

メディアの弊害は私の実体験からも痛感しています。

一九八五年に来日した私は、日本語学校に通ったあと、東京電機大学工学部の夜間部に進みました。当初は駐日大使の従姉妹夫婦が暮らす大使公邸の一室で生活していましたが、その後には大統領の命令で従姉妹たちが帰国しました。それから家賃四万八〇〇〇円のアパートで、ガソリンスタンドで働きながら、夜間大学で学ぶ貧乏暮らしがはじまりました。

貧しいながらも尊敬できる先生に恵まれて勉強とアルバイトに明け暮れた学生時代、何度か日本のテレビ局の番組制作に携わり、アフリカについての企画を手がけた経験がありました。しかしテレビ局が求めているのは「野生動物」「貧困」「未開」などのキーワードに代表されるステレオタイプなアフリカでした。

リアルなアフリカを取り上げたいという私のアイディアは決して採用されることはありませんでした。

当たり前の話ですが、多くの日本人が安全だと思って足を運ぶアメリカのニューヨークやロサンゼルスにも治安が悪いエリアはあります。どこにいようが犯罪に巻き込まれることがないなんて保証はありません。

とはいえ、一度、定着したイメージを覆すことは容易ではありません。日本にはいまもアフリカ全土で紛争が続いていると考えている人も、ホテルやレストランもないのではないかと思っている人も大勢います。

私は、マイナスのイメージとそれをつくり続けるテレビなどの大きなメディアが、日本とアフリカの関係を阻害する大きな要因だと考えるようになりました。

それは、三〇年経ったいまの日本も変わりません。

私の友人で、タレントからベナン共和国の特命全権大使に転身したゾマホン・D・C・ルフィンさんも、日本のアフリカ報道についてこう嘆いていました。

「紛争や虐殺等のセンセーショナルな報道以外は伝わらず、認知度も低い。残念なことです。欧米では、学校でアフリカについての授業がありますが、日本ではほとんど触れていない。先進国として、今後開発が進むアフリカの知識を学ぶことは重要だと思います」

少し古い話になってしまいますが、二〇〇六年一月、リベリアで選挙により、アフリカ初の女性大統領が誕生しました。彼女——サーリーフ大統領は当時の独裁政権を批判したために自宅監禁された経験もあります。それでも非暴力の平和な社会を作り上げようとした彼女は「鉄の女」と呼ばれ、二〇一一年にはノーベル平和賞を受賞しました。

サーリーフ大統領の就任式には各国の要人が参列しました。アメリカは、当時のブッシュ大統領夫人が出席したことからもわかるように国際的にも注目された場でした。しかし日本から出席したのは外務大臣政務官だけ。もっと重要なポストの人物を送るべきでした。

これでは日本はアフリカに興味がないと内外に示したのと同じです。

実際にアフリカでもそのように受け止められ、日本に期待するアフリカの人々を落胆させました。

そんなアフリカの人々の思いを日本人はまったく理解していないのです。

中国は日本を恐れている？

安倍晋三首相のアフリカ外交も同じことがいえます。

内閣総理大臣に就任して二年で訪問したアフリカの国は五四ヵ国のうちで、二〇一四年に訪れたコートジボワール、モザンビーク、エチオピアの三ヵ国だけ。

逆にいえば、ほかの五一ヵ国には足を運んでいないのです。これでは日本はアフリカに関心がない、と思われても仕方ありません。

私自身も日本はアフリカへの興味を失ってしまったのか、と本当にがっかりました。

しかしそんな安倍首相のアフリカ訪問に嚙みついたのが中国でした。

二〇一四年一月九日付の朝日新聞の朝刊が〈アフリカ外交　中国側が牽制　「思うようにはいかぬ」〉と題してこう報じました。


中国外務省の華春瑩副報道局長は8日の定例会見で、安倍首相のアフリカ訪問について問われ、「もしある国がアフリカ諸国を利用して中国と張り合おうとしても、決して思うようにはいかない」と、牽制《けんせい》した。中国の王毅《ワンイー》外相も6日からエチオピア、ジブチ、ガーナ、セネガルのアフリカ4ヵ国を歴訪中。日中がアフリカ諸国の外交的な取り込みを競い合っているのでは、との質問に答えた。


中国が日本とアフリカの接近に焦っているのがよくわかる記事です。

前国家主席の胡錦濤が毎年のようにアフリカを訪れて、多額の援助、開発支援を行ってきたのは有名です。

胡錦濤が国家主席を務める前、二〇〇〇年の中国の対アフリカ貿易額は約一〇〇億ドルで

中国、日本の対アフリカ貿易額

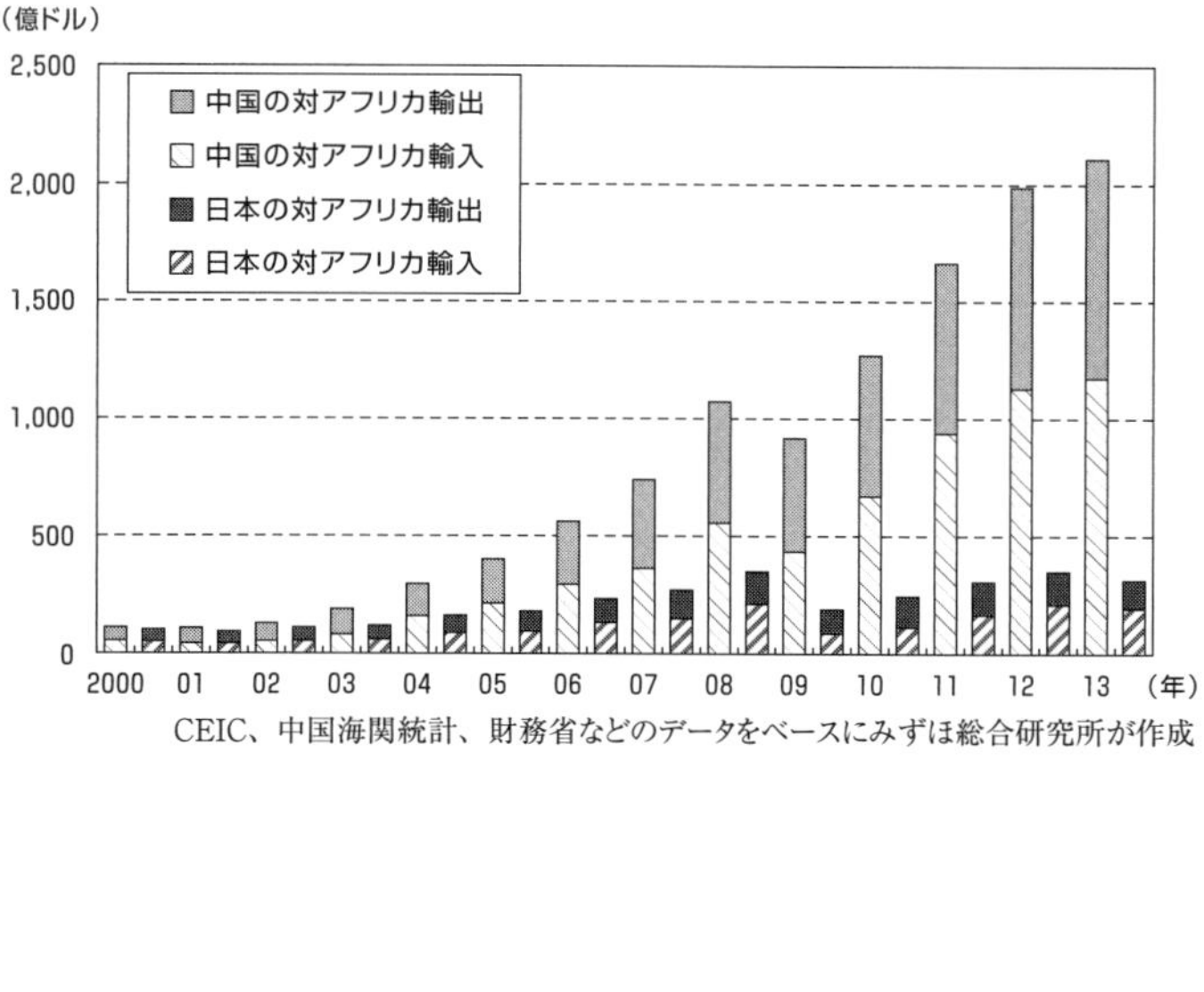

CEIC、中国海関統計、財務省などのデータをベースにみずほ総合研究所が作成

した。しかし就任五年後の二〇〇八年には一〇〇〇億ドルを超え、二〇一三年に約二一〇〇億ドルに達しました（みずほ総合研究所「アフリカ重視を続ける中国」より）。

日本は二〇一三年で中国の七分の一に過ぎない約三一〇億ドル。アフリカに進出した中国企業は約二〇〇〇社と推測されるのに対して、日本企業は三〇〇社程度です。

現状でアフリカへの影響力の差は明らかです。

にもかかわらず、なぜ中国は日本のアフリカ進出に対して焦り、危機感を抱くのか。資源を囲い込み、現地に雇用創出や技術移転などをもたらさない中国が、現地のアフリカの人々に思いのほか嫌われて、反中感情の噴出を実感しているからです。

また安倍首相のアフリカ訪問後、中国国営メディア傘下の『グローバル・タイムズ』は「二〇〇〇年に中国・アフリカ協力フォーラムが開催され、アフリカ大陸と中国の関係が急速に発展したのを機に、日本はアフリカに注目しはじめた」と報じました。

この章で見てきたように「中国・アフリカ協力フォーラム」以前から、日本は「アフリカ開発会議」を開き、一九九〇年代から継続的にアフリカと関わり続けてきました。

それをわかっているからこそ、中国は日本のアフリカ進出を恐れて「もしある国がアフリカ諸国を利用して中国と張り合おうとしても、決して思うようにはいかない」と釘を刺してきたわけです。

中国が、アフリカで何を行ってきたのか。そして日本は何を行ってきて、これから何をすべきなのか。

今後の国際社会を、そして日本と中国の、日本とアフリカの関係性を考える上で、中国の目的ややり方を理解しなくてはなりません。

そこから日本とアフリカの関係をどのように築けばいいのか、考えていくべきなのです。

次章では、日本がアフリカ諸国やアフリカの企業と手を結び、「ウィン・ウィン」の関係を築く方法を考えてみたいと思います。

第四章　日本はこうしてラストフロンティアを手に入れる

資源と科学技術の合体

日本とアフリカが築く「ウィン・ウィン」の関係を「絵に描いた餅」にしないためにはどうすればいいのでしょうか。

まず無償支援を終えて、有償支援に切り替えなければなりません。無償支援でインフラを受け取る時代は終わりました。アフリカ諸国もビジネスを通して、互いにメリットを共有できる関係を望んでいます。

アフリカ南部のスワジランドのムスワティ三世国王の言葉が示唆を与えてくれます。

「アフリカが持っていないものは何か。それは科学技術です。逆に日本が持っていないのが、資源。日本の科学技術のレベルが高いのは疑いようもない事実です。そして、アフリカには資源が文字通り腐るほどある。この二つが手を組めば、互いに足りない部分を補完できる。最高の関係を築けるはずです」

ムスワティ三世国王と私は互いに「ブラザー」と呼び合うほど親しくさせてもらっています。ちなみにアフリカで「ブラザー」は、絶対に裏切らない関係。日本で言えば同じ釜の飯を食った仲を意味する重い言葉です。

資源と科学技術の合体——。

私も「ブラザー」の言葉に全面的に賛成です。

実は、私は長年温めていた夢があります。それは故郷であるコンゴの資源の価値を日本の科学技術で何倍にも何百倍にも高めるアイディアです。

コンゴには、全世界のタンタルというレアメタルの八〇％が眠っていると考えられます。タンタルは小型の電子製品の製造には欠かせません。タンタルからつくられるタンタルコンデンサーは、電子製品の頭脳であるＣＰＵ（中央演算処理装置）の隣に組み込まれ、電流を調整する役割を果たします。タンタルコンデンサー抜きには、どんな優秀なＣＰＵでも正常に作動しません。

もともとタンタルコンデンサーと同様の役割を果たす装置は、アルミニウムからつくられていました。

しかしタンタルを使えば、アルミニウムの六〇分の一ほどの大きさで同じ性能を発揮できるので、電子機器の小型化には欠かせないレアメタルとして注目されています。

コンゴの環境問題に取り組む団体「ケータイゴリラ」によれば、携帯電話一台に約二〇個も必要で、二〇〇〇年には全世界で二七〇億個も製造されたと言います。

アフリカ進出の秘策

いまやタンタルは携帯電話やパソコンに限らず、自動車や航空機、家電などデジタル化されたあらゆる製品に利用されています。

しかし現在のコンゴの技術力では、タンタルは加工できないので、輸出するしかありません。「宝の持ち腐れ」なのです。

一方の日本はどうでしょうか。

タンタルを加工したり、タンタルを利用して新しい製品を開発する技術を持っています。しかし残念ながら国内の需要は頭打ちで、優秀な技術者や加工会社に仕事がないのが現状です。そんな技術を持った中小企業にコンゴに進出してほしいのです。

優秀なシェフが海の近くにシーフードレストランを構えたとします。食材が新鮮だし、腕もいい。しかも輸送費などのコストも抑えることができます。だから大人気になって、大きな利益を上げることができます。

その構図に日本とコンゴ、そしてタンタルを重ねてみてください。

航空会社、インターネット関連企業、自動車メーカー、精密機器メーカー……。世界中のあらゆる企業が注目するでしょう。安くハイクオリティな半導体を購入できるのですから、注目しない方がおかしい。

日本とコンゴで世界のマーケットをコントロールできるくらいのポテンシャルを秘めた事業になります。

日本は、半導体で世界を席巻できます。コンゴは経済発展できる上、とんでもない雇用が生まれます。シリコンバレーどころではない規模と技術を持った工業地帯になる可能性があるのです。

期待できるのは経済発展だけではありません。

技術は磨き続けなければ、衰えてしまいます。日本企業にとっては、技術力を高めて、いままでにはなかった製品を開発するチャンスです。成功すれば、日本の産業は半世紀は安泰と言ってもいいでしょう。

コンゴにとっては、技術移転や技術指導を行う日本企業の進出によって、意欲のある若者への教育も期待できます。

仕事が増えれば、紛争がなくなり、多くの人の生活が向上して、街や地域が変わります。

コンゴという国家が大きく変わるほどのポテンシャルを持ったプロジェクトだといっても大

げさではありません。

中国のやり方は、結婚する気もないのに女性に子どもを産ませているようなものです。しかし日本とは互いに手を取り合って、幸せになる道を歩めるはずだと信じています。

最高の科学技術を持っている日本と最高の資源を持つアフリカが手を組む——その私の夢をなんとか実現させたいと考えているのです。

なぜ日本はできなかったのか

現在、コンゴの人口は七〇〇〇万人と言われていますが、実際は一億人を超えています。いまコンゴに限らず、アフリカの多くの人々は、一台のテレビを一〇人、二〇人で見ているような状況です。

日本が勇気を持って第一歩を踏み出せば、テレビなどの家電だけではなく、自動車も売れるでしょう。日本製品のニーズはどんどん増えていくはずです。

いま日本に必要なのは、アフリカでこのように動けば、これだけ儲かる、という成功モデルです。成功モデルさえつくることができれば、多くの企業が「オレたちも」という考えになるはずです。

私はそんな夢のあるプロジェクトを長年温めているのですが、残念ながら日本にはフロンティアに一歩踏み出そうとする気概や冒険心、戦略性が乏しいように感じます。また政府と民間企業の連携が必ずしもうまくいっていないように見えます。

たとえば、コンゴの閣議のなかで首相が「道路は中国企業ではなく、日本の企業につくってもらった方がいいのではないか」と発言したことがありました。

しかし日本にはまったく伝わっていません。その情報を日本の政府に伝えても腰が重く、民間企業に届かなかったのです。こうして日本は貴重なチャンスを逃してきました。

アフリカが〝ラストフロンティア〟と世界中の注目を集めてから二〇年近くの歳月が流れようとしています。

アフリカに進出しているのは中国だけではありません。

韓国やインドもアフリカとのビジネスには積極的です。中国ほどではないですが、韓国もインドも目的は資源です。アフリカに技術移転や雇用を生むという意識はほとんどありません。

当然、日本にもアフリカに進出しようとした企業はたくさんありました。しかも受け入れる側のアフリカには、日本を待ち望む声も多いのです。

それなのになぜ日本はアフリカで大きな成果を上げることができなかったのでしょう。その原因ははっきりしています。

アフリカの文化や歴史、現地の人々の感情を考慮しなかったからです。

アフリカ諸国が独立した後も、日本人はよかれと思って、アフリカとのビジネスの水先案内人に白人を使ったのです。

現地のアフリカ人ビジネスマンと直接やりとりせずに、コーディネーターなどを名乗る白人を窓口にしました。植民地支配した人間なら現地をよく知っているだろう、と。

しかしその読みは、完全に裏目に出ました。

これまで見てきたようにアフリカは歴史上、最大の悲劇と言っていい奴隷時代を経験しています。

アフリカの人々は表だったケンカはしなくても、腹のなかにため込んだ感情があります。日本人はそれを知らなかったのか、あるいは黒人が抱える白人への複雑な感情を知っていたとしても深く考えなかったのか……。結果論ですが、もしも日本がビジネスパートナーにアフリカ人を選んでいれば、プロジェクトの成否はがらりと変わっていた可能性は大いにあります。

その前提には、日本人のコンプレックスや、白人は進んでいて黒人は遅れているという間違った先入観もありました。

いいえ、いまだにそのような先入観を持つ日本人は数多くいます。

現地で引きこもる商社マン

二〇一五年五月「日アフリカ鉱業・資源ビジネスセミナー」（Ｊ－ＳＵＭＩＴ２）という会議が日本で行われました。そこにも南アフリカ共和国の白人が経営する企業が「アフリカでビジネスをするなら我々を通してください」と売り込んでいました。彼らを通すとうまくいくはずの話がこじれる可能性があります。

まずは日本人が持つコンプレックスや先入観を抑えて、失敗事例の原因を洗い出さなければ、成功への道筋は見えてきません。

海外生活の長い日本人は、アフリカにくると白人のつもりになって現地の人たちを見下す場合が多いように感じます。自分はヨーロッパやアメリカに留学して、英語やフランス語を学んだから特別なんだ、と。相手の言葉や文化を覚えようともしないで、白人のような気分になって上から目線になってしまったら絶対にうまくいきません。

これは二〇年ほど前の話ですが、黒人を奴隷という目線で見る大手商社の役員が少なからずいました。名前ではなく「おい！」と呼びます。黒人スタッフは仕方ないから仕事をするけれど、当然怒りがたまってきます。

しかも日本人ビジネスマンや駐在員の場合は、都市のなかで富裕層が暮らすエリアで生活します。そして一般の人たちが暮らす地域に足を運ぼうとする人はあまり多くありません。富裕層ばかりが暮らす特殊なエリアにこもって、人間関係も仕事も買い物も、そこですべてすませてしまいます。

昔の日本人ビジネスマンはもっと積極的でした。かつてはオーナー社長、ワンマン社長の鶴の一声で決まったプロジェクトなので成果を上げなければ、という意欲も強かったのでしょう。何よりも昔の日本の経営者にはハングリー精神がありました。私の知っている経営者は、戦時中にマダガスカルまでやってきて、アフリカでは食べないタコやイカなどを買い付けていたそうです。

しかしいまは残念ながら、できるだけリスクを取りたくない、という考えの会社が多いように感じます。現場のビジネスマンや商社マンもそうです。あまりに消極的な姿に失敗を恐れすぎているのではないか、と感じます。ビジネスにリスクはつきものです。しかし日本企業では現状維持が評価されるのかと思うほど、新しいチャレンジをしません。

時折、アフリカの紛争や事件などが報道されると、さらにその姿勢が強くなります。どんなに激しくセンセーショナルに報道されていたとしても、現地では何事もなかったかのように平穏なケースも多いのですが、誰も実際に確かめようとしません。経済大国になったから、このままでいいと考えているのでしょうか。

そのせいか、すでにコネクションがあるアフリカの支配層とつるむだけで、新たな人脈を開拓したり、ビジネスのヒントをえるために一般の人の生活を知ろうとしないのです。

日本で言えば、永田町や銀座という狭くて特殊なエリアに暮らしているようなものです。それでその国について知ったといえるでしょうか。

そんな環境が日本人に特権意識を持たせて、現地の人々との感情のすれ違いを生んでしまうケースがあるのは否定できません。日本で優秀な大学を出た外交官が高飛車な態度で交渉に臨んで失敗するのも同じパターンです。

なかには、自分の力で人脈を切り開いて政権の中枢の人間と関係性を築き、アメリカも驚くような情報を持っている外交官もいます。でも、彼の働き方は日本の外務省では評価されません。深夜までその国のハイクラスの官僚や有力者が集まるレストランやクラブで酒を飲みます。それがいやがられるのです。

何かあったらどうするんだ、と。

外務省に限らず日本の組織は、どんなに実力があっても、ルールを逸脱したり、秩序を乱したりする人間を嫌う傾向があります。

最近は中国の進出により、現状維持もままならなくなった事実に気づいた人々が少しずつではありますが増えてはきています。

しかし日本には、アフリカ進出に打って付けの人材がいるのにうまく活かせていない現実を見ると歯がゆい気持ちになります。

西欧諸国の思惑

私が見ているなかでアフリカの人々のなかに深く入り込んでいるのが、ＪＩＣＡ（国際協力機構）のスタッフたちです。

同じ釜の飯を食う。現地の言葉を覚える。できるものできないものをはっきり伝える。議論もできる……。フェアな目線で基本的なことをやっているから、受け入れられたのです。

日本は一九六〇年代からアフリカの支援を本格的にはじめました。

一九六〇年代前半にはＪＩＣＡのルーツといえる海外技術協力事業団がケニアに技術者を送り支援をはじめました。そして一九六八年、ウガンダにナカワ職業訓練校をゼロから立ち上げ、建物や機材の整備などを支援しました。日本は、ハコモノをつくるだけではなく、一貫して現地の人たちの教育などにつながるプロジェクトを行ってきました。

内戦や紛争などで一時、支援がとぎれた時期や地域はありますが、一九七〇年代からは、無償資金協力によるケニアのジョモ・ケニヤッタ農工大学やガーナの野口記念医学研究所のプロジェクト、円借款によるコンゴのマタディ橋建設、タンザニアのキリマンジャロ州農業開発、エジプトのスエズ運河拡張などの事業を展開。日本が建設した橋や道路、学校などは現地の人々に喜んで利用されていますし、評価もされています。

しかしこうした日本人が行う現地の人々への援助に反発したのが、日本人がパートナーに選んだはずの白人社会でした。

その国が自立するための手助けである援助に、白人はなぜ反発したのでしょう。

白人たちは、支配していたアフリカの人々が自立し、国が発展することで、自分たちの影響力が弱まっていくことを恐れました。

たとえば、コンゴ。ベルギー企業にレアメタルを盗んだという濡れ衣を着せられて、日本鉱業はコンゴの鉱山からの撤退を余儀なくされたと先述しました。

驚いたのは、身に覚えのなかった日本鉱業です。まじめにやっていたものの、反日感情が高まる前に身を引くという決断をしました。

日本がアフリカから出て行かざるをえなかった裏側には、独立後のアフリカを支配し続けたい、影響力を持ち続けたいという白人社会の思惑がありました。

その影響はいまも影を落としています。

二〇一五年、ようやく日本からアフリカへの航空機の直行便の就航が復活しました。しかし、いまから二十数年前、私はＪＡＬと全日空にアフリカまで定期便を出してもらえないか、と働きかけたことがありました。

けれど、私たちの動きが漏れた瞬間、フランスなどの航空会社から「やめてほしい」という要請がありました。文面は「ビジネスパートナーである日本とフランス相互の利益を守るために」という友好的な文面ではありましたが、私には圧力以外の何ものでもありませんでした。

当時、日本は経済的に右肩上がりでした。ヨーロッパ諸国にとって日本のアフリカ進出は脅威でした。

逆の見方をすれば、日本が持つアフリカの発展に対する影響力、現地の人たちからの信頼を無視できなかったわけです。

石橋を叩いても渡らない

このようにヨーロッパ諸国が日本を牽制している間にアフリカに入り込んで瞬く間に影響力を及ぼしはじめたのが、中国でした。

中国のアフリカ進出が成功して、日本が出遅れているわけを、次は別の角度から考えてみましょう。

アフリカ各国の人たちはどう見ているのでしょうか。

カメルーン駐日大使のピエール・ゼンゲ氏（二〇一〇年当時）は、国民性の違いを挙げました。

「私から見て、中国人は日本人よりも、非常にアグレッシブである、と感じます。そうした国民の気質の違いで、中国は日本よりも、アフリカに深く進出しているのだと思います。

以前、私は日本のバス関係の企業に、首都ヤウンデとカメルーン最大都市ドゥアラをつなぐ公共バスなどのインフラ設備に投資して欲しいと、持ちかけたことがありました。日本のバスは乗り心地がよく、よく整備されているからです。しかし結局、具体的なビジネスには発展しませんでした。数ヵ月後、中国の企業がヤウンデとドゥアラ間をつなぐための、バスを製造する工場を現地につくったそうです。チャンスをものにしたのは中国でした。

日本のビジネスマンは、ゆっくりと時間をかけて決断する。そこが長所でもあり、短所でもあります。より積極的にリスクを取る部分が、少し足りないような気がします」

二〇一四年に一人あたりのGDPが一万ドルを超えてアフリカ第三位となった産油国のガボンの臨時代理大使であるフランスワ・ペンジェ・ボンビラ氏は興味深い指摘をしました。

「中国企業は、日本企業や欧米企業と違い、その国の国内情勢などに関係なく、ビジネスになるかどうか、という部分で投資の判断をしています。仕事をして利益を上げることだけを考える。一方の日本や欧米の企業はその国の治安や政情などを踏まえて、進出を決めます。また、技術指導を同時に行ったり、国内情勢にもタッチしようとしたりする。我々の国としては、単純にビジネスとして投資してくれる中国の方が判断のスピードが速いので取引しやすい。そこが日本とのビジネスが進展しない要因のひとつではないでしょうか」

日本は相手の国の政情について十分に把握した上で、いいものをつくり、人材育成、技術移転を行って相手のメリットも生み出そうとします。

自分たちがいなくなっても、メンテナンスや運営に支障がないような形の支援をしてきました。もちろん派遣する技術者や専門家の安全も確保しなければなりません。

そこが評価される反面、決断までに時間がかかるというデメリットになります。

「石橋を叩いて渡る」という日本のことわざがありますが、叩いても「渡らない」。日本企業はアフリカに対する知識が乏しい。理解できないものには手が出しにくいので、二の足を踏んでしまうわけです。

一方、中国のプロジェクトのスピード感は魅力です。その結果、アフリカでどんな事態が起きたかは、これまで見てきた通りです。

中国を選ばざるをえない苦悩

これまでアフリカ諸国が中国を選んできたのは、安さとスピードだけではありません。

〝選ばざるをえない〟状況に追い込まれてきたという事情もあります。

中国の代表的な手口は二つあります。

ひとつ目は、本書でもたびたび指摘してきた昔ながらの賄賂。

数年前、中国の企業が、コンゴでテレビ局をつくろうという動きがありました。

彼らはまず情報大臣個人に賄賂を渡しました。

その後「大臣へのプレゼントです」とエアコンを山ほど持ってきたそうです。「家族や親戚の方にも」と。一族だけではなく、側近にも金を払って、外堀から埋めようとしました。

「中国企業がテレビ局をつくりたいと言っているのだが……」

情報大臣は、私の友人でもありコンゴの情報事業も含めた通信全般を統括する通信担当大臣に、そう言って話を持ちかけました。この中国企業は、他国でもテレビ事業を手がけて、多くの番組づくりに携わってきたと言うのですが……。

「この話を信じていいのだろうか」と通信担当大臣から相談を受けた私は忠告しました。

「複数の国にまたがってテレビ局を持っている企業なんて聞いたことがない。気をつけた方がいい」

怪しいと思った通信担当大臣は、彼らの経歴を改めて調べたそうです。

すると、身分証明証をはじめ、すべてのＩＤや資料が偽造だという事実が発覚して、地元メディアが大々的に報道して大きな事件に発展しました。

このケースは氷山の一角で、裏では巨額の賄賂が動いているのは間違いありません。

またほかの知り合いである政治家が中国企業から賄賂をもらっていると知ったとき、私はこう言いました。

「あなたは生卵の上を歩かされているようなものだよ」

生卵は必ず割れて中身がこぼれ出します。

中国と関係を持つということは、いつ爆発するかわからない時限爆弾のような問題を抱えることです。

何より一度でも賄賂を受け取れば、弱みを握られて中国企業のいいなりにならなければなりません。相手の要求を飲むという選択しかなくなってしまうのです。

もうひとつは、正規の外交ルートを使わない強引なアポイントのせいで中国を〝選ばざるをえない〟国もあります。

あるアフリカの国の大臣がこんなことを言っていました。

「中国政府の要人が突然、電話をかけてきて、『いま飛行機であなたの国の近くを通っています。よってもいいですか』と言ったのです」

翌日、本当にその要人がやってきたというのです。

しかも中国企業の関係者を大勢引き連れてきて、席に着いた途端にビジネスや新たなプロジェクトの話を切り出しました。

その大臣は「これが目的だったのか」と思ったそうです。政府と民間企業が一体である中国ならではの動きといえます。

またコンゴの首相が信じられない話をしていました。

中国の外務大臣が来訪したさいに、国家主席からの中国への招待状を直接受け取った、と。普通、もしも相手の国の首相を招待するのならまず外務省などの正式な外交ルートを通して接触して、互いの予定を調整して話を進めます。もしも国益に反するようなら、うまく回避する方法を考える必要もあります。

もしも相手の外務大臣から首相が親書を直接受け取ってしまったら選択肢はひとつしかありません。「わかりました」としか言えないのです。それがわかっているから、暗黙のルールといわれる国際社会の常識では、誰もどこの国もやりません。

けれども、中国に国際社会の常識は通用しません。

彼らは相手に「イエス」と言わせるためなら手段を選ばないのです。さすが「中国社会の常識は、国際社会の非常識。国際社会の常識は、中国社会の非常識」と言われるだけのことはあります。

中国は、旧宗主国の白人を通すようなまどろっこしいことはしません。いきなり国のトップと交渉します。

実は私も、この手があったか、と気づきました。

わざわざ正式な外交ルートを通さなくてもアフリカ諸国に「ブラザー」の関係を築いている要人は大勢います。もちろんプライベートの電話番号も知っています。私も中国のやり方にならいつつ、国際常識の範囲で直接電話するようになりました。

「大臣、元気ですか？」と日本を発つ前に国際電話をかけます。

「おお、ムルアカさん、久しぶりです。忙しくやっていますか？」

「私は元気ですよ。実は来週からあなたの国に行くのですが、日程は空いていませんか？」

「それなら……」

こんなふうにとんとん拍子にアポイントがとれるようになりました。それでほとんどスケジュールが決まるようになりました。

日本の政治の現場でもさんざん経験しましたが、前もって調整をすると数ヵ月かかることもざらです。アポイントがとれて、面会までこぎ着けることができればいいですが、結局会えないこともあります。

とはいえ、「ブラザー」の信頼関係を築いていることが前提です。中国の場合は、中国政府の首脳という自身の立場を最大限に利用します。

ただし、この手は政府と民間企業が一体である中国ならではの強みだともいえます。カメルーン駐日大使のピエール・ゼンゲ氏が「中国人は日本人よりも、非常にアグレッシブである、と感じます。そうした国民の気質の違いで、中国は日本よりも、アフリカに深く進出しているのだと思います」と指摘していたように、よく言えば中国人のアグレッシブさ、悪く言えば強引さが、アフリカ進出の最大の要因であることは間違いありません。

このアグレッシブさは、これからアフリカでビジネスをしようと考えている日本人も学んでいくべきです。

そういう意味では中国は勇気を持ち〝ラストフロンティア〟を強引な主張ややり方で切り開いてきたわけです。

アフリカの窓口は誰か

とはいえ、日本が中国の手法をマネするわけにはいきません。

今後、日本の民間企業は、どんな形でアフリカに進出していけばいいのでしょう。

アフリカへの第一歩を踏み出す上でもっとも大切なのは、誰を窓口にするのかです。

日本のある大手家電メーカーの営業マンがアフリカを回った例を知っています。

彼はテレビなどの電化製品を売り込むためにアフリカ中を歩きました。しかし残念ながら、営業活動は実を結びませんでした。日本でなら誰もが知っており、アジアや欧米でもよく知られたメーカーではあったのですが、アフリカでは認知されていませんでした。何百枚という名刺を配ったものの、効果はありませんでした。

けれども、その家電メーカーがとてつもない技術力を持っていることは間違いありません。中国や韓国のメーカーが束になっても敵わないほどの実績や歴史もあります。

とするなら、そのメーカーをアフリカ企業やアフリカのビジネスマンに紹介できるパートナーが一人いれば、問題は一気に解決します。メーカーの技術力、ポテンシャル、魅力をわかっている人間と協力することではじめてアフリカへの第一歩を踏み出せます。

パートナーが見つからなければ、この家電メーカーの営業マンのように名刺を配り歩くしかありません。運が本当によければ、うまくいくかもしれませんが無駄足になる可能性がとても高いでしょう。

仮に日本なら名刺の相手をインターネットで調べ尽くすという手もあるでしょうが、普通は飛び込みでやってきた営業マンのためにそこまでしません。

何よりもアフリカはインターネットよりも、まだまだ人間同士のつながりがものをいう社会です。

とするなら、まずビジネスパートナー探しが先決になります。

過去の日本企業は旧宗主国の白人を窓口に選び失敗しました。その反省を踏まえて、現地について知り尽くしているのはもちろん、日本の文化をよく理解している現地のアフリカ企業のビジネスマンを探すべきです。

そんなに都合のいい人材が本当にいるのか、と疑問に思う人もいるでしょう。

海外では信用してビジネスパートナーに選んだ途端に裏切られたなんて話もよく聞きます。実際、能力がある人ほど、無闇に誰とでも会うようなことはしません。

それは日本でも同じです。いくらいいアイディアがあるからといって、まったく実績もなく仕事のつながりもない人が、商社にいきなり訪ねてきても、よほどのことがない限り相手にしてくれません。

ただし社長や会長をよく知っている人に知り合いがいれば、別です。状況はまったく変わってきます。一度、会ってコネクションさえつくることに成功すれば、話は一気に進みます。

実は最近、アフリカ進出を計画している韓国人ビジネスマンから問い合わせがよくあります。彼らは「コンゴの○○を紹介してほしい」「○○という会社の社長と会うにはどうすればいいか」という相談をしてきます。

アフリカ社会は、人と人とのつながりを重んじています。「ムルアカが言うなら間違いないだろう」「ムルアカの紹介だったら信用できる」と考える社会なのです。

アフリカだから人脈を築くのは難しいと考える人も多いかもしれませんが、話はもっとシンプルなのです。

アフリカへの進出に成功した日本の商社もやはり人脈がキーワードだと語りました。

「現地のネットワーク活用が大きな鍵となりますね」という私の言葉に豊田通商の海外地域戦略部・新興地域戦略室の森室長は次のように答えました。

「二〇〇一年にアフリカでトヨタ自動車の販売権を持っていたイギリスの企業、ロンローの販売権を譲り受けました。そのときに現地の自動車ディーラーで社長をしていた方々をGM（ジェネラルマネージャー）などの要職として抜擢したのですが、彼らは能力的に優れているだけでなく、ビジネスに非常に積極的でした。当時、車の販売は、政府や富裕層が顧客だったのですが、彼らもまた地元の名士でした。みな立場のある方ばかりだったので商談や交渉はスムーズに進みました。彼らはいまでも当社現地法人の役員や役職者として勤務しており、いまのビジネスにつながっています」

日本ビジネスの成功例

森室長が語るように人と人とのつながり、ネットワークがアフリカのビジネスでは大きな力を発揮します。

二〇一三年二月、ボツワナが地上デジタル放送方式として、日本方式の採用を決定しました。

わかりやすく言えば、ボツワナのテレビのデジタル化事業に日本と同じ方式を用いようというわけです。地上デジタル放送を活用した遠隔教育システムや医療情報の伝達システム、防災緊急警報システムなどの導入や発展も期待できます。日本方式は南米などで使われていますが、アフリカでは初。今後の日本とアフリカの関係を築く上で、大きな一歩となりました。

しかしそれ以前に、日本の総務省は日本方式をモザンビーク、アンゴラ、南アフリカ、コンゴなどに売り込んできましたが、ことごとく採用を見送られました。欧州方式、米国方式、中国方式などとの競争に負けたのです。

だからといって日本方式が技術的に劣っているというわけではありません。

ボツワナは欧州方式と比較した結果、カーナビなどの車載向けでは日本方式が優位、携帯電話では日本方式のみが実用化されていると評価して採用に踏み切りました。

では、なぜボツワナ以外のアフリカ諸国は、他国の方式を選択したのでしょうか。

それは、日本の総務省が接触する相手や交渉する相手を間違ったという一点に尽きます。

東京にいる当時の副大臣が、交渉相手が誰で、敵が誰か、味方が誰かわからない状況で指示を出していたのですから、話がまとまるわけがありません。

先ほど例に出した、名刺を配り歩いた大手家電メーカーの営業マンよりも、交渉が成立する可能性が低いと言ってもいい、お粗末な状況でした。

ボツワナが日本方式を採用した決め手も、人と人とのつながりでした。

二〇一二年、私が日本方式について話すためにボツワナを訪ねたときのことです。私が前大統領を訪ねようとすると日本大使館のスタッフにこう言われました。

「前大統領に挨拶する前に、まずはいまの大統領にお会いした方がいいのではないですか」

「いえ、それは違います」と私は即座に否定して、前大統領と話をしました。

前大統領が現職だった時代、面会した私に「この人を育てて私の後任の大統領にしたいんだ」と一人の男性を紹介してくれました。その人が現大統領だったのです。

乱暴な言い方をすれば、現大統領の〝親分〟が前大統領なわけです。その関係を知っているわけですから親分に挨拶に行くのが〝筋〟です。

逆に最初に現大統領に面会していたら、後回しにされた親分はどう思うでしょう。

私が思った通り前大統領のもとに行くと喜んでくれました。日本方式について簡単に説明すると彼はこう言いました。

「ムルアカさん、このプロジェクトについて細かいことは私よりも、大統領府の担当大臣に説明してください。担当大臣にやらせますから」

翌日、その担当大臣に挨拶に行くと、「ブラザー、きてくれてありがとう」と私に握手を求めました。すでに話は通っていたのです。

私が改めて説明をすると「わかりました。次は私が日本にうかがいます。そのときにまた詳しく教えてください」と、とんとん拍子に進みました。

その後、大臣が日本にきて、話が固まり、欧州方式との比較を経てアフリカのなかで唯

一、日本方式が採用されるにいたりました。

何が言いたいのかというと、アフリカではとくに最初のボタンを掛け違えたら何も動かないということです。でも逆に言えば、掛けるべきボタンさえ間違えなければ、驚くほどスムーズに話は進んでいくわけです。

ただし、あくまで水面下で交渉を進めるということに気をつけなければなりません。間違っても事前のアピールなんてしてはいけません。必ず邪魔が入って事業が頓挫します。

ボツワナのデジタル化事業の例で言うなら「我々は次はボツワナに売り込む」という宣言は逆効果になるだけです。必ず中国やヨーロッパ諸国が横やりを入れてきます。敵や競争相手が増えるだけです。蓋を開けてみればすでに話が固まっていて、誰も割って入れないような状況をつくることが大切なのです。

実際にそれを実践している商社もあります。

「アフリカに対して日本企業は慎重すぎるのではないか」という私の危惧に対して三井物産の経営企画部次長の妙泉昭彦《よしずみあきひこ》氏はこう話しました。

「いま一番意識しているのが、相手国にとって、我々がパートナーであると認知してもらうことです。長期的な信頼関係を築くのが大事だと考えているので、慎重に見えるでしょう。

地道な活動にはなりますが『三井物産アフリカ基金』を創立しました。その基金を使ってモザンビークの農業訓練校の学生が国内の大学へ進学するための奨学金を提供しています。これも、新たな雇用を創出するための大事な活動です」

三井物産のような、アフリカの若者を育てるという長期的なビジョンは中国企業にはありません。将来日本企業のパートナーとなるべき人材を育成する〝地道な活動〟は、これから必ず生きてくるはずです。

水面下で親分と話をつける

しかし実際はパートナー選びに苦労している日本企業は多いようです。

私の「ブラザー」であるスワジランドのムスワティ三世国王がこんなことを話していました。

「日本のビジネスマンは変な形で入ってくる。いまだに白人の影響力が強いと考えているのか、アフリカを白人社会と考えている節がある」

スワジランドは南アフリカに隣接しています。

ご存じのように南アフリカは一九九四年まで、白人と非白人を分離する「アパルトヘイト」を行っていました。

そのせいか日本人ビジネスマンはヨーロッパ系の企業や白人のビジネスマンに話を通そうとするというのです。そこからボタンの掛け違いははじまっています。

南アフリカやスワジランドを含めたアフリカ大陸南部の一帯を「サデック」（ＳＡＤＣ：南部アフリカ開発共同体）と呼びます。もともとサデックは南部アフリカの国々が、アパルトヘイト体制の南アフリカ旧政権の経済支配から自立することを目的に発足しました。アパルトヘイト撤廃後に南アフリカも加盟。現在、クーデターの発生により資格停止中のマダガスカルを合わせて一五ヵ国が参加しています。

けれども、サデックを理解するのは難しいでしょう。

なぜならＥＵ（欧州連合）の援助を受けているヨーロッパ諸国とも関係が深いので、情報がすぐにＥＵに流れてしまうのです。

たとえば、ボツワナもサデックの加盟国ですから、デジタル化事業を正面から行っていたら、欧州方式を売り込みたいヨーロッパの国々の妨害を受けていたでしょう。しかもサデックにはまだアパルトヘイトが完全に終わっていない地域もあります。

とはいえ、日本人が新たに行うアフリカのビジネスでヨーロッパ系の企業や白人のビジネスマンを頼ったのでは過去の失敗を繰り返すことになってしまいます。

では、この地域の〝親分〟といえる存在は誰か。

南部アフリカは歴史的にも政治的にもズールー族を抜きには語れません。

ズールー族は南部アフリカ一帯に権力とネットワークを持っています。

ムスワティ三世国王はこう言ってくれています。「何かあったら私に相談してください。ズールー族の民間企業に働きかけますから」と。

南アフリカではデジタル化の日本方式は採用を見送られましたが、正面から政府と交渉する前に、水面下でズールー族の有力者に接触していたら違った結果になっていた可能性は十分にあります。うまく話が進んで数ヵ国に採用されれば、アフリカ全土に広がっていたかもしれません。

アフリカの政治やビジネスが決定されるシーンに居合わせて、私はかつて政界のドンと呼ばれた金丸信先生を思い出しました。金丸先生のところに行って何かをお願いすれば、総理大臣に直接指示が下り、それですべてが解決しました。

いまのアフリカも〝水面下〟の工作で決まっているのです。

日本の政治の世界にいると、霞が関にいても議員会館にいても、政治は動かないと実感します。赤坂のどこかの料亭に集まって話し合い、専門家にシミュレーションをさせるとすぐにプロジェクトが動き出します。

しかし、水面下で話が固まっていない段階で公式にアピールすると、まずマスコミがぶら下がって情報が流れ、邪魔が入って動けなくなってしまいます。

大切なのは、水面下での互いの合意。それには、アフリカなりのテクニックが必要です。

リスクをいかに減らすか

そこで問題となるのは、日本に水面下の人脈を活かすような仕組みがないことです。

二〇一三年一月、アフリカ大陸北部のアルジェリアの天然ガス施設をイスラム過激派組織アルカイダ系と考えられる武装集団が襲撃する事件が発生しました。

アルジェリア軍が制圧したものの、大手プラント企業「日揮」の日本人社員一〇人を含む四〇人の人質が殺害されました。

私にとってもとてもつらい事件でした。

実は、二〇一二年、私は日本政府の依頼で西アフリカのマリに足を運びました。マリの前大統領は、アフリカ開発会議の立ち上げに協力してもらったこともあり、大変親しくさせてもらっています。

「数ヵ月以内にアルジェリアで間違いなく大事件が起きる」

彼はアルジェリア人質事件が発生する半年前に私にこう忠告し、イスラム過激派とアルジェリアの関係などの背後関係を説明してくれました。

すぐに私は、日本の政府に報告しました。しかし当時の大使はまったく耳を貸してくれませんでした。この重大な局面で政府と民間企業の連携の悪さという日本の悪い面が出てしまったのです。

私はマリ北部からアルジェリアに移動していたイスラム過激派組織が明らかに不穏な動きを見せているという情報をえていました。企業や滞在する日本人に対して、事件が起きる危険性があると警告すべきだと考えていましたが、実際は何もできませんでした。

なぜ重要な情報を共有できなかったのでしょうか。

日本政府はアメリカやヨーロッパからの情報ならすぐに検証したでしょう。しかし欧米に比べて、アフリカからの情報は信憑性が低いという先入観を持っているのです。

いま思い出しても、悔しい気持ちが蘇ります。

仕方のないことかもしれませんが、日本の企業には、アルジェリア人質事件のように、何かあったときにブランドイメージが下がるのを恐れる、という考え方が基本にあります。

そのせいか、私と会ってアフリカのビジネスは面白いと感じる人は大勢いるのですが、上司に相談すると「ノー」という答えが返ってくるようです。

大きな事件は突発的に起きるわけではありません。大きな流れがあり、そこの地域の有力者には、大切な情報が集まってきています。

どんな国や地域でビジネスを行うにしてもリスクをゼロにはできませんが、最小限に止めたり、回避したりして、限りなくゼロ近くに持っていくことは可能です。

アフリカはあぶない――。

日本にとって、そんな先入観が一番の敵なのかもしれません。

私が日本に帰国しようとするとアフリカの友人は、「日本は地震が起きたというけれど大丈夫なのか！」という反応をしますが、それと似ていると感じます。

アフリカは決して危険ではありません。

日本を待つ〝ラストフロンティア〟です。

私は日本ほど国際社会でバランス感覚に優れた国はないのではないか、と思っています。

なかには日本はアメリカにくっついてきただけではないかと批判する人もいます。けれど、アラブ諸国やヨーロッパ、東南アジアとも関係は良好です。

世界中の誰しもが日本人の勤勉さと技術力を認めています。

そして何より、そんな日本をアフリカが待ち望んでいるのです。

おわりに

母なる国へ

早いもので私が来日してから三〇年の歳月が流れました。

私ほど日本人の勤勉さ、まじめさ、誠実さ、優しさを実感してきたアフリカ人は少ないのではないかと自負しています。

私は日本とコンゴ、そしてアフリカ大陸をとても愛しています。そのせいでしょうか、以前から少し寂しく感じる瞬間がありました。

日本人は、親不孝なのではないか、と。

誤解しないでほしいのですが、私は別に日本人が親を大切にしていないと言いたいわけではありません。

約五〇〇万年前、私たち人類の祖先は東アフリカで誕生しました。やがてアフリカ大陸を出た人類は、ユーラシア大陸を経て、ベーリング海峡を渡って北アメリカ大陸を南下し、南アメリカ大陸まで到達したと考えられています。

太古の人類は、長い長い旅をして全世界に広がっていきました。その旅のなかで日本列島にたどり着き、定着した一部の人々がいまの日本人のルーツです。

そう。アフリカ大陸は、すべての人類を産んだ故郷――母親といえる存在なのです。

しかし長年、日本人は母なる大地であるアフリカにさほど関心を示しませんでした。まるで里帰りしてこない子どものような存在といえばいいでしょうか。

親不孝というたとえをしたくなるほど、私をはじめとした多くのアフリカの人々は日本を待ち望んでいるのです。母親というものは、いつまでも自分の子を愛し、近くに戻ってくることを待ち望んでいるのです。それが親心ではないでしょうか。

三〇年前、私は日本が戦後に経済発展を成し遂げることができた謎を知りたいと来日しました。日本で学べば、貧困で苦しむ故郷を救う手だてを見つけることができるかもしれないと希望を抱いていました。

いま私は日本の経済発展は日本人の国民性もさることながら、大きなビジョンを持てたことが大きかったと考えています。戦後復興の原動力に資源が不可欠だと考え、国が一丸となって世界のメタル市場に参入していきました。政府も商社も中小企業もリスクを恐れないハングリー精神を持っていました。だからこそ、世界でも類を見ない経済発展を遂げ、今日にいたったのです。

一方、植民地時代以前のアフリカは独自の文化を持つ誇るべき地域でした。しかしヨーロッパに占領されて文化を奪われ、独立後も独裁時代が続きました。勇気を持って新たな一歩を踏み出すことが大変難しい時代でした。

結果、人はどう生きるべきか、国家はどうあるべきか、ひとりひとりが考える機会を奪われてしまっていたのです。

そこに襲ってきてアフリカを喰いモノにしているのが中国なのです。

ターニングポイントの一年

二〇一五年夏、私は一ヵ月ほどコンゴに帰国していました。一〇年前とは比べものにならないほど、街中で見かける中国人の数は増えました。また中国人が経営するブティックや商店などもどんどん建っています。

中国は一段と深くアフリカ大陸に食い込んでいる——それが率直な感想です。

実際、中国はアフリカ数ヵ国のリーダーを自分たちの力でコントロールできるほどの影響力を持っています。

もしも日本が本格的に進出をはじめれば、中国は全力で妨害してくるでしょう。

けれども、こうもいえます。中国の牙が食い込めば食い込むほど、アフリカからの反発は大きくなります。だからこそ、逆に日本にチャンスが訪れている、いや、アフリカを救えるのは日本だけだ、と。

二〇一六年はこれからの日本とアフリカの行方を占うターニングポイントになる、と私は読んでいます。

ポイントは第六回アフリカ開発会議。

一九九三年からはじまり、これまで五回行われたアフリカ開発会議（ＴＩＣＡＤ）は、すべて日本で開かれました。しかし二〇一六年に行われる第六回アフリカ開発会議（ＴＩＣＡＤⅥ）はケニアでの開催が決まっています。

第五回の会議で安倍晋三首相は、アフリカに対して五年間で三兆二〇〇〇億円の支援を表明しました。それだけではありません。従来の政府主導の援助だけでなく、企業のアフリカ進出、投資を後押しするとも約束しました。

第六回の会議までに日本はどれだけの準備ができるのか。日本は本気なのか。どこまでやれるのか。

アフリカ諸国の要人たちも一般の人々も、期待と不安を持って注目しています。

これまで本書で書いてきたように、アフリカ諸国の人たちは、中国に代わる誠実なパートナーとして、ニセモノではない本物の技術力を持つ日本とともにインフラ整備や資源開発をやっていきたいと期待しています。

同時にアフリカ五四ヵ国のうち、たった三ヵ国しか訪問していない安倍晋三首相の言葉は信用できるのか、慎重に見極めている状況なのです。

アフリカの人々の期待に応え、不安を打ち消すためには、早急に立法府にシンクタンクを設置する必要があります。いますぐにでもつくらないと国際政治の場で恥をかいてしまう危険性もあります。

日本政府には、アフリカに関する情報の蓄積がまだまだ足りません。私は鈴木宗男先生の私設秘書時代にアフリカに関する議員連盟をいくつか立ち上げました。

ただし当時から〝アフリカ議連〟という枠組みが間違っていると考えていました。アフリカ議連は、日本とアフリカの国会議員同士が交流する場です。けれど、アフリカは大陸であり、国ではありません。繰り返しになりますがアフリカには五四ヵ国あります。日本のアフリカ議連はそもそも誰と交流する集まりなのか。本来なら、日本・ケニア友好議員連盟やコンゴ・インフラ推進議連にすべきだったのです。

逆にいえば、アフリカに対する日本の国会議員の認識や理解はその程度でした。働きかけても積極的に動こうとする議員は鈴木先生をはじめごくわずか。ですからまずはアフリカについて学ぶところからはじめるしかなかったわけです。

その当時に比べれば、いまは専門的知識を持つ方々もたくさんいるとは思います。しかしこの十数年でアフリカは、国際的な注目が集まるラストフロンティアに変わりました。これまでは援助中心だったアフリカ諸国との関係を、国や地域ごとの状況を把握、分析して、早急に見直さなければなりません。

日本のアフリカ進出に注目しているのは、アフリカ諸国だけではありません。ライバルである中国も出方をうかがっています。アメリカも日本が何をするのか、協力できるのか注視しています。

二〇一六年からはじまるアフリカ進出の成果が、日本の国際的な評価を左右するといっても決して言い過ぎではないのです。

サムライを育てるために

いま私は日本が築いてきた人脈をアフリカでいかに活かすか考えています。

ＪＩＣＡの「研修員受入事業」をご存じでしょうか。

発展途上国の人材を研修員として日本で受け入れて、専門技術や知識の習得などをサポートする、一九五四年からはじまった六〇年以上も続く事業です。現在の受け入れ人数は年間約一万一五〇〇人。研修の期間も分野によって数週間から二年と様々。法曹や教育、保健医療、社会保障、農村開発、土木、水産、情報通信技術、運輸、交通、防災、エネルギーなど分野は多岐にわたります。

これまで累計で三〇万人以上の人材が日本で学び、その知識と技術を母国で活かしています。そのなかから、裁判官や政治家、警察官僚、企業のトップなどその国の中枢で活躍する人材もどんどん出てきています。

問題は日本がそのネットワークを活かし切れていないこと。

日本は世界各国に三〇万人以上の潜在的なロビイストを抱えているといってもいいでしょう。けれど、いまは「宝の持ち腐れ」のような状態なのです。

私は彼らの力を活かさないのは日本の損失であり、みなさんの税金の無駄遣いだと感じます。

また、私はアフリカの現地社会に深く入り込んで各国の要人に信頼されている日本の外交官を何人も知っています。

日本の国益を何よりも考えて行動する彼らを私は、サムライと呼び、尊敬していました。けれど、外務省の規則よりも国益を優先させるサムライたちを官僚社会は評価しません。やはりこれも「宝の持ち腐れ」です。前向きに考えれば、日本には利用していないだけで、貴重な宝があるともいえますが……。

私が来日したころは、政治家にも民間企業のビジネスマンにも、国益や大義のためならリスクを冒すことを恐れないサムライのような日本人がたくさんいました。

しかし現在は経済が停滞しているせいか、日本には企業も個人もリスクを冒さずに、大きなビジョンも持たず現状維持をよしとする社会になってしまいました。それなのに一方では個の利益を優先させる風潮も強いままです。

そんな時代だからこそ、かつてのサムライのように、いまなすべきことは何か、国益とは何か、考えなければならないのではないか、と感じます。

私が勤務する大学で若い日本の学生たちに接していても、エネルギーやハングリー精神を感じることが少ないのが現実です。

とはいえ、アフリカの現実を学生たちに話すと関心を持つ学生はたくさんいます。

では、彼らはアフリカへの一歩を踏み出すのか。残念ながらアフリカに渡る学生はほとんどいないでしょう。

それは学生だけの問題ではありません。学生たちの心に芽生えたアフリカへの興味を摘むのは大人たちです。決まって大学の教員や親たちが「アフリカは危ない。もし海外に行くなら安全な先進国に行きなさい」とアドバイスします。

先述しましたが、リスクはどんな国にもあります。しかもアフリカは全世界の陸地の五分の一の面積を持つ大陸です。なかには紛争が続いていたり、治安が悪かったりする地域はありますが、アフリカ全土が危ないわけではありません。大切なのはリスクを見極める知識と経験、情報を集めて分析し、判断する能力です。

けれど、いまのような平和ボケの社会では、知識や経験、情報判断能力を身に付けようと思っても難しいのではないでしょうか。ましてや、広い視点で物事を見て考え、行動できるサムライなど生まれません。

しかしアフリカ進出は、日本が平和ボケから目覚めて、かつてのハングリー精神、サムライ精神を取り戻す最大のチャンスになるはずです。

刀は磨かなければ錆びてしまいます。

刀と同じで技術力は最先端を追求しなければ、どんどん落ちていく一方です。経済力もそこに止まっていれば、競争力を失います。

日本は、アフリカの資源を活用して、さらに技術力を磨き、経済力を伸ばしていけるはずです。日本とともに歩むことを選択したアフリカの国々は、インフラと経済基盤、そしてこれから国を支えていく若者たちの教育環境を手に入れることができます。

勇気を持って踏み出す一歩が、人を、そして国を育てる——私はそう信じているのです。

本書が読者のみなさんにとって、これからの日本とアフリカの関係を考えるきっかけになれば、これほどの喜びはありません。

一本の指ではコップを持つことすらできません。二本ならコップを支えることができるようになります。でも二本よりも三本の方がコップをしっかり持ち上げられます。そして、五本の指ならコップよりもさらに重い物を持ち運ぶことも可能です。

それと同じように人と人との繋がりこそが、大きな力になるのです。

一人から二人、二人から三人、三人から……へ、と多くの方にアフリカに興味を持っていただければ、と願わずにはいられません。

来日してから多くの人にお世話になりました。また本書の出版でも多くの方々の協力をいただきました。本当にありがとうございました。この場を借りてお礼を述べさせていただき筆を置きたいと思います。

最後に本書が日本とアフリカの架け橋になることを祈って。

ムウェテ・ムルアカ
ザイール共和国(現コンゴ民主共和国)生まれ。国際政治評論家。千葉科学大学教授。神奈川工科大学特任教授。総務省、経済産業省、文部科学省の任期付き参与。東京電機大学電子工学科卒業。工学博士。ザイール共和国国営放送日本代表、在日コンゴ民主共和国通商代表機関理事、コンゴ民主共和国キンシャサ大学客員教授も務めた。日本における外国人タレントプロダクション事業共同組合専務理事でもあった。

講談社+α《プラスアルファ》新書 714-1 C
中国《ちゅうごく》が喰《く》いモノにするアフリカを日本《にほん》が救《すく》う
200兆円市場のラストフロンティアで儲ける
ムウェテ・ムルアカ
2015年12月17日第1刷発行

発行者——鈴木 哲
発行所——株式会社 講談社
東京都文京区音羽2-12-21 〒112-8001
電話 出版(03)5395-3522
販売(03)5395-4415
業務(03)5395-3615
デザイン——鈴木成一デザイン室
カバー印刷——共同印刷株式会社
印刷——慶昌堂印刷株式会社
製本——牧製本印刷株式会社

定価はカバーに表示してあります。

落丁本・乱丁本は購入書店名を明記のうえ、小社業務あてにお送りください。

送料は小社負担にてお取り替えします。

なお、この本の内容についてのお問い合わせは第一事業局企画部「+α新書」あてにお願いいたします。

Printed in Japan
ISBN978-4-06-272923-9